**지적인 사람들을 위한
보수주의 안내서**

지적인 사람들을 위한
보수주의 안내서

지은이 | 러셀 커크
옮긴이 | 이재학

1판 1쇄 발행 | 2019년 12월 6일
1판 7쇄 발행 | 2024년 12월 23일

펴낸곳 | (주)지식노마드
펴낸이 | 노창현
편   집 | 장윤정
디자인 | 제이알컴
등록번호 |제313-2007-000148호
등록일자 | 2007. 7. 10
서울 특별시 마포구 양화로 133, 1202호(서교동, 서교타워) (04032)
133, Yanghwa-ro, Mapo-gu, Seoul, South Korea
전화 | 02) 323-1410
팩스 | 02) 6499-1411
홈페이지 | knomad.co.kr
이메일 | knomad@knomad.co.kr

값 15,000원

ISBN 979-11-87481-68-3 03340

이 도서의 국립중앙도서관 출판예정도서목록(CIP)은
서지정보유통지원시스템 홈페이지(http://seoji.nl.go.kr)와
국가자료종합목록시스템(http://www.nl.go.kr/kolisnet)에서 이용하실 수 있습니다.
(CIP제어번호 : CIP2019045563)

* 잘못 만들어진 책은 구입하신 서점에서 교환해 드립니다.

CON
SER
VAT
ISM

· 러셀 커크 지음 이재학 옮김 ·

지적인 사람들을 위한

보수주의 안내서

개인, 가족, 사회, 역사에 대한 보수의 철학

nomad
지식노마드

CONSERVATISM

목차

CON SER
VAT ISM

1장

보수주의의 정수

근대 보수주의는 프랑스 혁명이 발발하던 무렵 형성됐다. 당시 선견지명이 있었던 영국과 미국의 정치인들은 광신적 혁명분자들이 드러낸 파괴와 전복의 충동을 억제해야 한다고 인식했다. 그들은 인생을 살아볼 만하게 만드는 문명의 요소를 인류가 보존해야 한다고 생각했고, 그렇게 하려면 어떤 일관된 생각의 체계를 수립해야 할 필요를 느꼈다. 영국에서 진정한 보수주의를 세운 이는 에드먼드 버크Edmund Burke[1]였다. 그의 책《프랑스 혁명에 대한 고찰

1　1729~1797, 영국 정치인이자 사상가.《프랑스 혁명에 대한 고찰》이라는 저서 덕분에 보수주의 정치 사상의 중시조로 추앙된다.

Reflections on the Revolution in France》은 당시 영국 여론의 향배를 돌렸고 헤아릴 수 없이 많은 미국과 유럽 대륙의 지도자들에게 영향을 미쳤다. 새로 건립된 미국에서 건국의 아버지들 모두는 실제적 경험과 받아온 교육 덕분에 보수적이었고, 따라서 자신들의 후손을 정의와 자유라는 길로 영원히 안내해나갈 헌정 체제를 만들어내겠다는 결의에 찼다. 미국의 독립전쟁은 진정한 혁명이 아닌, 영국으로부터의 분리를 목적으로 삼았다. 매사추세츠와 버지니아의 정치가들은 기존의 사회 체제를 거꾸로 뒤집어버리겠다는 의도가 없었다. 그들의 글, 특히 존 애덤스 John Adams [2]와 알렉산더 해밀턴 Alexander Hamilton [3], 제임스 매디슨 James Madison [4]의 저작에서는 역사와 인간 본성의 이해에 군건히 토대를 둔 건전하고 검증된 보수주의를 발견하게 된다. 그 세대의 지도자들이 만들어낸 헌정 체제[5]는 보수적 정치 도구로서는 인류 역사상 가장 성공적이었음이 입증됐다.

---

2 1735~1826, 미국의 정치인으로 건국의 아버지 중 하나. 초대 부통령과 제2대 대통령을 역임.
3 1755~1804, 미국의 정치인으로 건국의 아버지 중 하나. 강력한 연방제를 주창했으며 초대 재무장관으로 초대 대통령의 재정 정책 입안자였음.
4 1751~1836, 미국의 정치인으로 건국의 아버지 중 하나. 제4대 대통령을 역임했으며 헌법과 권리 장전의 초안을 작성해 미 헌법의 아버지로도 불림.
5 미국의 헌법을 지칭.

버크와 애덤스 이후 보수적 지도자들은 어떤 총론적 개념들에 동의해왔다. 이를 몇 개의 핵심적 정의로 간략하게 정리해보자. 보수주의자들은 특정 상황이나 실천적 경험과 분리되어 있는 절대적인 정치적 독단들을 불신했다. 버크는 그런 독단들을 "추상적 개념들"이라 일컬었지만 인간 사회의 행동을 지배하는 영속적 진실들의 존재는 믿었다. 미국의 보수적 사상을 특징지어온 주요 원칙들은 다음과 같다.

1. 인간과 국가는 도덕률moral laws로 지배된다. 그 도덕률의 기원은 인간을 넘어선 지혜, 즉 신의 정의justice다. 본질적으로 따지고 들면 정치적 문제는 도덕적이고 종교적인 문제다. 현명한 정치가들은 도덕률을 이해하려 노력하고 그에 따라 자신들의 행동을 통제하려 한다. 우리는 우리에게 문명을 베풀어준 조상들에겐 도덕적 빚이, 우리에 이어 세상에 나올 세대들에겐 도덕적 의무가 있다. 이 빚은 신이 이미 정해주셨다. 우리에겐 인간의 본성이나 시민 사회 질서라는 미묘한 조직을 제멋대로 훼손할 권리가 없다.

2. 고도로 발달된 문명의 특징은 가지각색의 다양성이다. 획일성과 절대적 평등은 존재의 모든 진정한 활력과 자유를 죽여버린다. 보수주의자들은 독재자와 과두지배 집단의 획일

성은 물론 토크빌Tocqueville이 "민주적 전제주의"라 부른 획일성에도 똑같이 저항한다.

3. 정의는 모든 남녀가 자신들의 정당한 몫에 부합하는 권리를 갖는다는 의미다. 정당한 몫이란 자신의 본성에 제일 적합한 어떤 것, 그리고 능력과 성실성에 따르는 보상이며, 자신의 재산과 인격에 부합하는 권리를 뜻한다. 문명화된 사회는 모든 남녀가 법 앞에 동등한 권리를 가져야 한다고 요구한다. 그러나 그 평등은 조건의 평등으로 확장되지 않는다. 즉, 사회는 모든 참여자가 개체로서 평등한 존재가 아니라 평등한 권리를 보유한 사람들의 위대한 협력 관계다. 정당한 사회는 건전한 지도층, 저마다 다른 능력에 걸맞은 서로 다른 보상, 상호 존중과 의무감을 요구한다.

4. 재산과 자유는 분리가 불가능하게 연결돼 있다. 경제적 평준화는 경제적 진보가 아니다. 물론 보수주의자는 재산 그 자체를 귀히 여긴다. 그러나 그들이 재산을 더더욱 귀하게 여기는 까닭은, 무엇보다 재산이 없으면 모든 남녀가 전지전능한 정부의 자비에 맡겨져야 하기 때문이다.

5. 권력에는 위험한 요소가 가득하다. 따라서 바람직한 국가에서 권력은 견제되고 균형을 이루며 건전한 헌정 체제와 관습으로 제한된다. 가능한 한 정치 권력은 사적인 개인들private

individuals과 지역의 기관이나 제도들이 장악해야 한다. 권력의 중앙 집중화는 대개 사회적 퇴락의 징후다.

6. 과거는 지혜의 위대한 보관창고다. 버크가 말했듯 "개인은 어리석다. 그러나 인류는 현명하다." 보수주의자는 조상들이 전해준 총괄적이고 복잡한 지식의 본체, 사회적 경험, 도덕적 전통으로 우리 자신을 안내해야 할 필요가 있다고 믿는다. 보수주의자는 당대의 성마른 의견을 넘어 길버트 키스 체스터턴Gilbert Keith Chesterton[6]이 "죽은 자들의 민주주의the democracy of the dead"라 부른, 다시 말해 우리 시대보다 앞서 살았던 현명한 남성과 여성들의 사려 깊은 견해나 인류의 경험을 추종하라고 호소한다. 한마디로 보수주의자들은 인류가 엊그제 탄생하지 않았다는 사실을 잘 알고 있다.

7. 근대 사회는 진정한 공동체를 시급히 필요로 한다. 진정한 공동체는 집산주의collectivism와 완전히 별개의 존재다. 진정한 공동체는 강제가 아닌 사랑과 자선으로 다스려진다. 교회, 자발적 모임, 지역 정부, 다양한 기관 들을 통해 보수주의

---

6 1874~1936, 영국의 작가이자 철학자, 평신도 신학자, 문학예술 비평가로 '역설의 왕자'라 불린다. 〈타임Time〉지는 체스터턴을 두고 '평이한 속담 등의 의미를 뒤집어 자신의 견해를 전달하는 인물'이라 평하기도 했다.

자들은 공동체를 건강하게 유지하려 애쓴다. 그들은 이기적이지 않고 오히려 공공의 정신이 투철하다. 자발적 협력이 아닌 물리력을 앞세우고, 다양성을 획일성으로 대체해버리려드는 집산주의는 곧 진정한 공동체의 종말을 뜻함을 그들은 알고 있다.

8. 미국 보수주의자들은 국가 운영 면에서 미국이 세계에 모범을 보여야 하지만 세계를 미국의 모습으로 바꾸려 들어선 안 된다고 느낀다. 모든 생명체는 다른 생명종과 자신을 분리해주는 자기 정체성을 목숨보다 더 사랑한다. 이는 생물학뿐 아니라 정치의 법칙이기도 하다. 보수주의자들은 세계 지배를 도모하지 않고, 세계가 하나의 정부나 문명의 형태로 수렴되어야 한다고 전망하지도 않는다.

9. 보수주의자들은 인간이 완벽해질 수 없음을 안다. 정치 제도 역시 마찬가지다. 인간은 지상에 지옥을 만들어낼 수 있을지언정 천국은 만들지 못한다. 우리는 선과 악이 뒤섞인 피조물이다. 훌륭한 제도는 방기됐고 고래古來의 도덕적 원칙은 무시됐다. 인간에 내재한 악은 호시탐탐 밖으로 튀어나오려 한다. 따라서 보수주의자는 이상향을 만들어주겠다는 모든 계획들을 불신한다. 그는 법률을 제정하는 힘으로 인류의 모든 문제를 해결할 수 있다고는 믿지 않는다. 우리는

이 세상을 견딜 만하게 만들겠다 희망을 품을 순 있으나 세상을 완벽하게 만들지는 못한다. 진보는 인간 본성의 한계를 신중하게 인정할 때 성취된다.

10. 보수주의자들은 변화와 개혁이 동일하지 않다고 확신한다. 도덕적이고 정치적인 혁신은 이로운 만큼 파괴적일 수도 있다. 주제넘은 확신과 열정으로 이뤄진 혁신은 엄청난 재난[7]이 되기도 한다. 인간의 모든 제도들은 시대에 따라 어느 정도 변한다. 인간이 자신의 육체를 새롭게 만드는 방법과 마찬가지로, 천천히 이뤄지는 변화는 사회를 보존하는 수단이기 때문이다. 미국 보수주의자들은 우리 삶에 필수적인 변화와 성장이 사회적이고 도덕적인 전통의 힘과 조화를 이루도록 노력한다. 포클랜드 경Lord Falkland[8]이 그랬듯 그들은 "변화가 필요하지 않을 때 굳이 변화할 필요는 없다."라고 말한다. 인간은 영구불변의 가치들이 존재하는 안정된 세계에 산다고 느낄 때 가장 만족스러워한다는 사실을 그들은 이해한다.

---

7 중국의 문화대혁명이나 소련의 집단 농장 실험 등을 지칭.
8 1610~1643, 영국의 작가이자 하원 의원. 영국 내전에서 왕당파 측에 가담한 정치인으로 첫 번째 내전인 뉴베리 전투에서 전사함.

곧 이어지는 장에서는 보수주의의 이런 몇 가지 원칙들을 직접적으로 또는 간접적으로 언급하려 한다. 아울러 종교, 가족, 교육, 그리고 우리 시대의 몇몇 중요 현안을 바라보는 보수주의자들의 태도도 다룰 생각이다.

보수주의는 많은 재산과 영향력을 가진 이들만의 관심사가 아니고, 특권과 지위만을 방어하려는 사상도 아니다. 대부분의 보수주의자들은 부자가 아니며 영향력이 크지도 않다. 그러나 그들은 모두, 심지어 가장 변변찮은 사람들조차 이미 수립된 공화국이 베푸는 위대한 혜택들을 누린다. 자유, 개인과 가족의 안전, 법률이 제공하는 평등한 보호, 근면함이 만들어내는 열매를 먹을 권리, 자신의 능력을 최대한 발휘할 기회 등을 그들은 얻었다. 또한 살아선 인격을 유지하고, 죽어선 위안받을 권리도 가졌다. 보수주의의 원칙들은 우리 사회 구성원 모두의 희망을 지켜준다. 보수주의는 평등한 정의, 개인적 자유, 그리고 인류의 모든 사랑스러운 옛 모습들을 갈망하는 누구에게나 중요한 사회적 개념이다. 보수주의는 단순히 '자본주의'를 옹호하지 않는다('자본주의'라는 말은 애초에 칼 마르크스가 만들어냈고, 보수주의자들은 거대한 사적 자본의 축적이라는 취지만을 유일하게 옹호했다). 그러나 진정한 보수주의자는 개인의 재산권과 자유경제를 그 자체로, 또 그것이 위대한 목적을 이루는 수단이기 때문에 결연히 옹호한다.

이 위대한 목적들은 정치·경제적 목적 그 이상을 의미하고, 거기에는 인간의 존엄성, 인간의 품성, 인간의 행복은 물론 심지어 인간과 신의 관계까지도 포함된다. 우리 시대의 급진적 집산주의는 다른 어떤 권위에도 격렬하게 적대적이기 때문에 종교적 신앙, 개인의 미덕, 전통적 인간성, 소소한 만족들로 이뤄진 삶을 경멸한다. 보존할 가치가 있는 모든 내용들이 우리 세대에선 위협받고 있다. 그렇다고 현재 벌어지는 일들의 부정적 측면을 애써 외면하거나 우리 앞에 여전히 놓여 있는 상황에 절망하면서 움츠러들기만 해서는 안 된다. 본능적 보수주의는 사상과 상상력의 보수주의로 더욱 강해져야 한다.

CON SER
VAT ISM

2장

종교적 신앙

종교인이라 해서 모두가 보수주의자는 아니고, 모든 보수주의자가 종교인인 것도 아니다. 기독교는 특정 형태의 정치를 강제하지 않았다. 비록 급진주의자 대부분은 기독교 신자가 아니었지만 독실한 기독교 신자로 유명한 급진주의자는 있었다. 마찬가지로 종교적 기초가 없는 보수주의는 존재하지 못한다. 종교를 옹호해온 우리 시대의 사람들은 대개 보수주의자였다.

20세기 영국의 탁월한 보수주의자인 퀸틴 호그Quintin Hogg[9]는

---

9 1907~2001, 영국의 보수당 정치인.

그의 작은 책《보수주의를 옹호함The Case for Conservatism》에서 이렇게 말했다. "종교를 전도하며 자신의 정치까지 팔아먹으려는 정치인을 나는 누구보다 경멸한다. 하지만 정치를 말하면서 자신의 설교를 팔아먹으려는 목사는 더 경멸한다." 그러나 그는 정치와 종교를 칸막이로 분리해 따로 나눌 순 없으며 진정한 보수주의자는 마음속 깊이 종교적인 인간이라 말하기도 했다. 기독교의 사회적 영향력은 고상하게 보수적이었으며 불교, 이슬람교, 유대교 등 다른 고등 종교들 역시 그와 유사하게 보수적 영향력을 행사해왔다.

건국 초기부터 미국에서는 종교적 헌신이나 정신이라는 감정이 정치 제도와 밀접하게 연결돼 있었다. 독립선언서에 서명한 거의 모든 이들과 제헌회의에 참여한 대의원들은 종교적인 사람들이었다. 공화국이 출범한 이래 발표된 경건한 대통령 포고문들 모두는 신의 가호와 권능에 의지했고, 지도적인 보수 정치인이나 필자 대부분은 대단히 심오한 신앙인이었다. 조지 워싱턴George Washington과 제임스 매디슨과 존 랜돌프John Rnadolph[10]는 미국 성공회, 존 애덤스와 존 칼훈John Calhoun[11]은 유니테리언, 오레스티스 브라운슨Orestes

---

10 1773~1833, 버지니아 로아노크 출신의 대농장주로 버지니아의 하원과 상원 의원을 역임했고, 제퍼슨 대통령의 대변인이었으나 후에 그와 결별함. 연방정부보다는 주의 자주권을 더 높이 산 그는 '로아노크의 랜돌프'로도 알려졌음.

Brownson [12]은 가톨릭, 너새니얼 호손 Nathaniel Hawthorn [13]은 회중교회, 에이브러햄 링컨 Abraham Lincoln 은 신실하지만 독립적인 유신론자, 그리고 더 많은 사람들이 독실한 종교 생활자였다. "우리는 종교가 시민 사회의 기초이며, 모든 선함과 위안의 근원이라는 사실을 알고 내면적으로도 느낀다."라고 에드먼드 버크는 썼다.

보수주의자는 인간 사회를 신과 인간, 더 나아가 죽은 세대와 현재 살아 있는 세대, 그리고 앞으로 태어날 세대 사이에 맺어진 영원한 계약이라고 본다. 영구한 지혜와 권능이 충만할 때에야 우리는 그러한 계약을 생각해내고 조상들에게 진 빚과 후손들에 대한 의무감을 의식하게 된다. 우리가 동료 인간에게 자비롭게 또 공정하게 행동하는 유일한 이유는 신의 의지가 우리에게 그리하도록, 서로 사랑하도록 명령했다고 믿기 때문이다. 종교적 보수주의자는 인간에겐 사회에 지는 의무가 있으며, 공정한 정부는 도덕률로 통치된다고 확신한다. 우리가 우리만의 소박한 방법으로 신의 본성과 신의 사랑에 동참하기 때문이다. 지혜는 신을 두려워할 때 시작된다고

---

11 1782~1850, 미국 사우스캐롤라이나 출신 민주당 정치인으로 제7대 미국 부통령 역임. 노예제 지지와 소수의 권익을 강하게 옹호한 정치철학으로 대통령직 도전 기회를 상실했음.
12 1803~1876, 지식인이자 작가, 종교인, 노동 운동가. 뉴잉글랜드의 초월주의에서 로마 가톨릭으로 개종했음.
13 1804~1864, 《주홍글씨 The Scarlet Letter》등으로 유명한 미국의 소설가. 외교관도 역임.

보수주의자는 믿는다.

보수주의자들은 인간의 본성을 보존하고 싶어 한다. 다시 말해 신이 자신의 이미지대로 창조하신 인간 본연의 모습을 지키고자 한다. 우리 세기의 무시무시한 급진적 이념들인 공산주의와 나치즘, 그리고 그 동맹 세력들은 종교의 뿌리와 가지를 없애버리려 날뛴다. 왜냐하면 그들은 종교가 언제나 집산주의와 독재로 가는 길을 가로막는 장애물이란 사실을 잘 알기 때문이다. 종교적 인간에게는 힘과 신앙이 있고, 급진적 집산주의는 개인의 힘과 신앙을 혐오한다. 유럽과 아시아 전역에서 집산주의에 맞서는 진정한 저항은 집산주의적 국가보다 더 위대한 권위가 있으며 신이 곧 그 권위라고 믿는 사람들에게서 왔다.

종교적 진실을 부정하는 사회에는 신앙과 자비, 정의, 그리고 인간의 행동을 규제하는 그 어떤 제재도 결핍돼 있다. 오늘날 미국인들은 종교적 신념과 공정한 정부가 긴밀하게 연결되어 있음을 과거 그 어느 때보다 더 잘 이해한다. 따라서 그들은 '충성의 맹세Oath of Allegiance' 문구의 일부를 수정해서 "하느님 아래, 하나의 국가"를 덧붙였다.[14] 신의 권능은 어떠한 정치권력보다 높은 곳에 있다. 신성한

---

14 "I pledge allegiance to the Flag of the United States of America, and to the Republic for which it stands, one Nation under God, indivisible, with liberty

권위를 무시하는 나라는 곧 그 자신의 고삐 풀린 권력에 취해 광신적 민족주의에 지나치게 빠져버렸고, 그 때문에 20세기는 끔찍해졌다.

모든 종교에는 언제라도 타락할 위험이 내재한다. 우리 시대의 다양한 사람들은 기독교가 어떤 감상적 집산주의를 추인했다고 설득하려 애썼다. 신 앞에 평등하다는 기독교의 개념은 이런 '인간의 종교'[15]를 통해서 국가가 강제하는 끔찍한 사회 경제적 평등으로 전환되었다. 그러나 기독교의 신조와 전통을 면밀히 조사하면 기독교 가르침의 그와 같은 해석은 용납되지 않는다. 기독교는 개인적 차원의 구속救贖만을 약속할 뿐 경제 혁명을 부르는 그 어떤 체제도 이야기하지 않았다. 기독교 신앙의 커다란 관심사는 너무나 인간적인 개인 하나 하나에 있다. 무슨 의미인지 분명치 않은 '인민People'이나 '군중The Masses' 혹은 '핍박받는 자The Underprivileged'는 기독교의 관심사가 아니다. 기독교인들이 말하는 자비는 부자가 빈자에게 자발적으로 베푼다는 의미였지 다른 사람에게 주려고 국가가 강제로 빼앗는다는 소리는 아니었다. 늙은 토머스 브라운 경Sir Thomas

---

and justice for all." 미국이 1892년에 만든 것으로 우리의 '국기에 대한 맹세'와 유사함. 1954년에 4차 개정한 것이 현재까지 쓰이고 있음.
15 신성이 아닌 인성이 앞서는 종교라는 비아냥.

Browne[16]은 이렇게 말했다. "빈곤 없는 공동체를 설계하려 애쓰는 국가주의자들은 기독교인의 공동체를 이해하지 못할 뿐 아니라 그리스도의 예언조차 잊어버리고 자선이라는 목표를 빼앗아가버린다." 기독교는 다른 이들이 우리에게 해주길 원하는 대로 남을 대하라고 요구하지, 정치권력을 활용해 재산권을 포기하도록 타인을 강제하라고 요구하지는 않는다.

모든 위대한 종교는 이단의 공격을 받는다. '공산당 선언'이 발표됐던 해 오레스티스 브라운슨은 공산주의가 기독교의 이단이라고 선언했다. 오늘날 아널드 토인비Arnold Toynbee[17]와 에릭 푀겔린 Eric Voegelin[18]도 같은 말을 한다. 공산주의는 기독교의 사랑과 자선을 격렬한 평등의 강령으로 왜곡한다. 인간은 지구상에서 평등해져야 한다고 말하면서도, 그와 동시에 신의 궁극적 심판 앞에서 누구나 평등하다는 그 진정한 평등은 거부한다. 특정 계급에 혜택을 주기 위해 다른 계급을 억압하는 도구로 기독교를 전환시키려는 이념

16 1605~1682, 영국의 박학다식한 인물. 과학과 의학은 물론 종교·철학·문학에 걸쳐 다양한 저작을 남겼음.
17 1889~1975, 영국의 역사학자. 1934년부터 1961년까지 열두 권을 발간한 《역사의 연구 Study of History》라는 저작으로 유명함. "문명은 계속되는 도전에 성공적으로 대응하며 탄생하고 발전해간다." "문명은 자살하지, 살해되지 않는다."라는 말을 남겼음.
18 1901~1985, 미국의 독일계 정치철학자. 나치를 피해 미국으로 이민했음.

들은 이단이다. 기독교의 또 다른 왜곡은 '사람들의 목소리가 곧 신의 목소리'라는 급진적 강령이다. 뉴캐슬의 퍼시 경*Lord Percy* [19]은 그것이 "민주주의의 이단"이라고 썼다. 그러한 강령은 어느 특정 시점에 다수가 생각하는 내용이 곧 신의 생각이라고 가정하는 치명적 실수에 해당한다. 보수주의자는 대중적 판단이 실수에 실수를 거듭한다는 사실을 안다. 그러한 판단은 신의 뜻과 전혀 다르다. 정치에서 구현하려는 진실의 진정한 근원을 우리는 오직 불완전하게 그리고 희미하게 인식하며, 인간의 법으로 모방하려 시도할 뿐이다.

기독교의 세 번째 왜곡은 세속의 경제계획가나 관료, 법령이 지상의 인간 사회를 완벽하게 만들 수 있다는 이단에서 보인다. 기독교인들은 인간 존재나 사회의 완벽함은 지상에서 결코 이루어지지 못하며 오직 천상에서나 발견된다고 믿는다. 사회주의나 전체주의적 계획은 이 세속적 완벽함이 가능하다는 망상에 근거한다. 스스로를 기독교인이라 선언한 사람은 지상낙원을 추구한다고 공개적으로 선언할 수 없다. 신실한 기독교인의 눈으로 볼 때 인간은 본성의 타락 때문에 사후에야 구원받는다. 따라서 정치·경제적 혁명이 완벽한 정의와 행복을 가져다주리라 기대하는 건 어리석은 짓이다.

---

19 1887~1958, 영국의 외교관이자 보수 정치인.

남녀는 선악이 뒤섞인 피조물이고, 최선의 인간에게도 악은 존재한다. 헌정 체제, 공정한 법률, 사회적 규약들은 바로 우리의 그런 악마적 충동들이 겉으로 튀어나오지 못하도록 억제하려고 만들어졌다. 공정하고 신중한 정부가 없다면 인간은 무정부의 무질서 상태로 빠져버린다. 야만성은 문명의 얇은 껍질 바로 아래에서 언제라도 밖으로 뛰쳐나오려 하기 때문이다.

인간의 본성을 그릇되게 낙관적으로 보는 개념이 있다. 그런 개념에 근거해 지상에 인공적인 낙원이 수립된다는 가설은 인간을 광기의 지배라는 멸망으로 이끌고 만다. 세계 정부라는 애매한 계획들은 대개 이런 어리석음이란 질병에 걸렸다는 징후다. 완벽한 시대, 완벽한 사회는 지금껏 없었고 앞으로도 없으리란 사실을 종교적 보수주의자들은 안다. 인류의 모든 정치적 고안물들은 과거에 이미 모두 시도된 바 있었으나 그 무엇도 완벽하고 만족스럽게 작동하지 않았다.

물론 종교적 보수주의자들이 '모든 시대가 같다' 혹은 '모든 악은 필요하다'고 믿는다는 말은 아니다. 어떤 시대는 다른 시대보다 훨씬 더 나쁘다. 어떤 사회는 상대적으로 더 공정하고, 또 어떤 사회는 상대적으로 더 불공정하다. 인간의 형편은 인도적이고 신중한 지배하에서 약간 나아지고, 잔혹한 지배를 받는 시기엔 매우 나빠진다. 그러나 진보는 불가피하며 미래의 유익한 물결이라는 유사복

음은 종교적 보수주의자를 결코 미몽으로 이끌지 않았다. 그 강령은 20세기의 재앙들[20]로 이미 산산이 부서졌다. 종교적 보수주의자는 낡았다는 이유만으로 과거를 경멸하지 않으며, 우리가 지금 살아간다는 이유만으로 현재를 유쾌하다 여기지도 않는다. 그는 모든 시대와 제도를 정의와 질서라는 분명한 원칙들의 견지에서 판단한다. 우리는 부분적으론 신의 계시를 통해, 부분적으론 인류의 오래되고 고통스러운 경험을 통해 그 원칙들을 배웠다.

우리의 현 사회를 비판하는 종교적 사상가는 어떤 시기가 모두 하얗기만 했고 또 어떤 시기는 모두 검기만 했다고 주장할 이유가 없다. 그는 고르고 선택할 수 있다. 우리가 신중하게 선별한다면 비록 우리 사회를 완벽하게 만들진 못해도 많이 개선하리라는 희망은 가능하다. 인간의 역사는 앨리스와 붉은 여왕[21]처럼 원래 있던 곳에 있으려 해도 가능한 한 빨리 뛰어야 하는 사람들의 기록이다. 때때로 우리가 게을러지면 사회는 극심한 퇴락에 빠지고 만다. 우리는 이상향에 도달할 만큼 빠르게 달리지 못하고, 설사 도달한다

---

20 20세기 사회주의의 실패한 실험들을 지칭.
21 《이상한 나라의 앨리스Alice's Adventures in Wonderland》의 속편인 《거울 나라의 앨리스Through the Looking-Glass and What Alice Found There》에 등장하는 붉은 여왕은 앨리스에게 자신의 나라에선 최선을 다해 빨리 달려도 언제나 그 자리에 머문다고 말한다.

해도 곧 그 이상향을 증오하게 된다. 이상향은 끝없이 지루하기 때문이다. 인간으로 하여금 삶을 사랑하게 만드는 진정한 요소는 전투 그 자체다. 무질서에 질서를 부여하려는 투쟁, 악에 맞서 싸우며 올바름을 갈망하는 투쟁 말이다. 그 투쟁이 종말을 고한다면 우리는 지루함을 견디지 못해 자멸해버리고 만다. 천사가 아니라는 그 본성 때문에 인간은 영원히 변하지 않는 상태에서 자족하며 휴식하려 들지 않는다. 한마디로 종교적 보수주의자도 이상향을 지향하기는 한다. 그러나 이는 오직 하나의 의미에서만 그렇다. 그는 거의 완벽함에 가까울 가능성이 존재하기는 한다고 믿는다. 그러나 그 가능성은 오직 개별 인간 내부에만 존재한다. 그런 상태는 개인적으로만 달성되고, 우리는 그것을 신성sanctity이라 부른다.

또한 우리는 현재의 불완전한 세계에 불만을 느낄 필요도 없다. G. K. 체스터턴G. K. Chesterton은 그의 시 '백마의 전설Ballad of the White Horse'에서 앨프리드 왕— '보수적'이라는 단어가 만들어지기 수세기 전에 존재했던 고결한 보수주의자— 이 성모 마리아의 환영을 어떻게 보았는지 이야기했다. 그가 미래를 묻자 성모 마리아는 이렇게 말했다.

너에게 위로의 말은 결코 건네지 않으리,

그래, 네가 원하는 말은 하지 않으리,

아직 하늘은 더 어두워져야 하고,

바다는 더 높이 솟구쳐 올라야 한다는 말 밖에는.

밤은 네 위에 세 번 연달아 덮쳐 오고

하늘은 당신 위에 드리워진 철갑이니.

아무 이유 없는 기쁨이 있더냐?

그래, 희망 없는 신앙이 있더냐?

겉보기에 모두 냉혹한 말들이었지만 마리아의 이 말은 앨프리드를 기쁘게 했다. 기독교의 가르침을 믿는 지도자로서 그는 인간이 악에 맞서 싸우고, 인간 본성과 문명의 유산을 지키며, 올바름을 위해 투쟁하도록 지상에 불려 왔음을 알았기 때문이다. 이것이 시대를 불문하고 보수주의자에게 주어진 과업이다. 제퍼슨이 썼듯 자유의 나무는 때때로 순교자의 피를 반드시 필요로 한다.

CON SER
VAT
ISM

3장

양심

보수주의자는 비정한 이기주의자인가? 신이 요구하고 인간이라면 마땅히 져야 할 전통적 의무조차 무시할 만큼 철저하게 '추악한 개인주의'를 믿는가? 짧게 말해 보수주의자에게 양심은 있는가? 급진주의자는 보수주의자가 '자기 자신에만 집중하는 비열한 자'라고 말한다. 그러나 내 의견은 다르다.

존 애덤스는 "지식과 미덕이 꼭 연결되지는 않는다."라고 썼다. "단순한 지식은 도덕성과 무관하다. 괘종시계나 손목시계의 기계 구조를 아는 지식이 옳고 그름을 가르고 도덕적 선악을 느끼는 감정과 무슨 관계가 있겠는가? 정상적인 선악은 물론 물리적인 행과 불행, 즉 쾌락과 고통을 구분하는 능력이나 자질, 다른 말로 **양심**

은—이제는 거의 철지난 과거의 단어지만—도덕성의 핵심이다."

옛날의 그 좋은 어휘였던 **양심**이 공화국이 건립될 때 이미 거의 철지난 단어가 되었다면, 그 이후 사정은 분명 더 악화됐다. 애덤스가 이미 알고 있었듯 전 세계는 양심이 악화되는 데 비례하여 고통을 받았다. 제러미 벤담Jeremy Bentham은 '양심'은 계몽된 이기심에 지나지 않는다고 그 의미를 축소해버리려 했다. 칼 마르크스Karl Marx는 양심이란 착취자의 죄의식을 부추기는 피착취자의 무기로 기능할 뿐이라 선언했고, 지그문트 프로이트Sigmund Freud는 양심이 주로 유아기의 불행에서 비롯되는 죄책감에 불과하다고 생각했다. 이처럼 인간이 '양심'이라는 단어와 개념에 어떤 중요성도 부여하길 거부하면서 세계는 사적인 책임, 개인적 양심이라는 오래된 도덕적 도구를 포기해버린 철학의 등장을 보았으며 그 실망스러운 결과들을 경험하기 시작했다. 그들은 '쾌락과 고통'의 방정식이라는 추상적 도덕 개념으로 양심을 대체하려 하거나[22] '사회 정의Social Justice'라는 애매모호한 무정형의 개념을 도입하고자 했다. 이런 개념은 개인의 의무, 또 옳고 그름을 말해주는 법률의 준수라는 개인

---

22 '최대 다수의 최대 행복이 선善'이라고 주장한 벤담의 공리주의에서 출발하여 '계획 경제로 물질적인 형평을 이룩해 지구상에 이상 사회를 건설하겠다'는 사회주의 실험이 기초한 세계관을 지칭.

적 자각과 무관했다. 기원전 5세기 그리스의 경험들에서 보았듯 고도로 발달한 사회들은 양심을 대신해 이악스런 사리추구나 새로운 '사회 통제'를 그 만족스런 대안으로 채택하면서 나락으로 굴러 떨어졌고, 그 결과로 20세기의 재앙들과 잔혹행위들이 나타났다.

사전적 정의의 양심은 '사람의 행동이나 동기의 측면에서 내적으로 인식하는 옳고 그름, 다시 말해 사람의 행동과 동기의 도덕적 특성을 파악해 그것이 도덕률에 일치하도록 명령하는 능력이다.' 양심은 사적인 사안이다. '공공의 양심'이나 '국가적 양심'이란 존재하지 않는다. 양심에는 두 가지 측면이 있다. 하나는 신과 인간의 관계를 지배하는 측면이고, 다른 하나는 사람들 사이의 관계를 지배하는 측면이다. 매우 많은 보수주의자들은 종교적 실재의 진실을 믿듯이 양심의 실재를 믿는다. 그들은 인류가 어제 태어나지 않았으며 조상들이 바보들보다는 매우 낫다고 인정하길 두려워하지 않는다.

20세기 내내 급진주의자들은 사려 깊은 대중을 설득하려 시도해왔다. 급진적 선동가에 따르면 보수주의자들은 양심의 적이자 사리사욕의 괴물이다. "악마는 제일 뒤처진 사람을 잡아먹는다."[23]고 믿는 사람이 곧 보수주의자라는 얘기다. 급진주의자들이 주장하는 바에 따르면 보수주의자는 원칙적으로 탐욕을 믿는다. 그의 가슴은 삶의 경주에서 뒤처진 약자나 불운한 이들을 전혀 배려하지 않으며, 그가 말하는 의무와 권리는 그저 사리사욕을 살짝 가린 표현에 불과하다. 보수주의자들은 도덕적으로 불순하고 무자비하며 탐욕스럽기에 '권력자를 반기고 앞으로 권력자가 될 사람과만 사귀려 한다.'[24]라는 명제에 헌신한다고 급진주의자들은 선언한다.

그러나 사려 깊은 보수주의자의 진정한 모습은 급진주의자들이 했던 그런 묘사와는 정반대다. 급진주의자들 중에도 이기적이고 무자비한 이가 있듯 보수주의자의 경우에도 이는 마찬가지다. 이처럼 정치적 신념 그 자체가 개인의 미덕을 보장하지는 않는다. 어느 쪽에 표를 던지든 우리 모두는 어느 정도 죄인들이다. 그렇다 해도 사려 깊은 보수주의자들의 이론이나 그들의 실천은 대개 사적인 양심에 부합한다. 어떤 사회나 시대에서든 진지한 양심을 가진 이라면 마땅히 지녀야 할 '신과 인류를 향한 권리와 의무'라는 측면에서 사적 양심에 따라 행동하고 생각한다는 뜻이다. 반면 근대의 급진적 교조주의자는 양심의 성스러운 근원을, 또 양심에 의미를 부여하

---

23 이 구절은 영국의 극작가 프랜시스 보몬트Francis Beaumont와 존 플레처John Fletcher가 1611년에 출판한 희곡《필라스터, 일명 사랑 피를 흘리며 누워 있다Philaster, or Love Lies a-Bleeding》에 나온다. "그들은 모두 도망치며 울부짖는다. '악마는 제일 뒤처진 사람을 잡아먹는다They run all away, and cry, 'the devil take the hindmost.'" 각자가 자신의 이익을 가장 중시해야 하며 보수주의자는 가장 약한 자에게 무자비하다는 의미임.

24 윌리엄 위즈워스William Wordsworth의 시 '롭 로이의 무덤Rob Roy's Grave'에 나오는 구절.

는 전통적 의무와 개인적 책임이라는 개념을 거부한다. 자신을 보수주의자라 일컫는 사람들이라도 이기심이라는 악, 그리고 소유의 오만한 자부심에 찌든 경우가 있다. 자신을 급진주의자라 일컫는 사람들 중에도 이웃의 물건을 탐내는, 시기심이라는 악에 찌든 경우가 있듯이 말이다. 그러나 우리는 여기서 개인적 오류가 아닌 사회적 원칙들을 이야기할 뿐이다.

적대적인 비평가는 보수주의자들이 모든 사회적 문제들을 본질적으론 개인의 도덕적인 문제로 바라본다고 말해왔다. 올바르게 이해한다는 전제하에서 볼 때 이는 매우 맞는 말이다. 사려 깊은 보수주의자들은 이런 확신에 겸손한 자부심을 느끼기도 한다. 양심, 도덕적으로 옳고 그름을 가르는 강한 의식, 명예와 정의라는 개인적 확신에 인간이 지배받는 사회라면 어떤 정치 체제를 채택했다 하더라도 바람직한 사회라고 보수주의자는 생각한다. 반면 인간이 도덕적으로 표류하고 양심에 무지하며 감각적 욕구의 충족에만 매달리는 사회는 얼마나 많은 사람이 투표에 참가하든, 또 그 공식적 헌정 체제가 얼마나 '자유주의적'이든 모두 나쁜 사회다. 한 국가의 정의와 관대함은 국가 구성원들 사이에 널리 퍼진 개인적 확신에서 크게 벗어나지 않기 때문이다. 급진적 교조주의자의 눈에는 소련의 헌정 체제가 바람직하게 보일지 모른다. 그러나 정의와 관대함은 소련에서 거의 죽어버렸다. 양심이 전적으로 논외에 머물러 있기 때문이다. 급진적 교조주의자의 눈에 영국은 매우 낡은 헌정 체제를 가진 국가다. 그러나 정의와 관대함은 영국에서 매우 많이 살아 있다. 사적 양심의 영향력이 여전히 설득력을 발휘하기 때문이다.

근대 급진주의자들은 도덕에서, 또 정치·경제적 삶에서 사적인 책임을 존중하지 않았기 때문에 사적 양심이라는 개념을 평가절하해왔다. 마찬가지로 그들은 '양심'이라는 단어에 여전히 힘이 있음을 안다. 옳고 그름을 가르는 지속적인 기준을 인정하지 않을 때 사회가 쇠락한다는 사실을 전적으로 의식하지 않기란 불가능하다. 따라서 급진주의자들은 그 단어를 그 자신들의 이념에 맞게 비틀어버리려 애쓰면서 '사회적 양심social conscience'을 자주 이야기한다. 그러나 그들은 이 표현의 뜻을 거의 정의定義하지 않는다. 사람들은 급진주의자들이 그런 표현을 어떤 맥락에서 사용하는지 보고 그 의미를 추측할 뿐이다. 급진주의자들이 말하는 '사회적 양심'은 다음과 같은 믿음을 의미하는 듯하다. 다른 사람보다 어떤 점에서든 우월한 사람은 마땅히 죄책감을 느껴야 하고, 나아가 어떤 추상적인 정의가 모든 사람을 무조건적 평등으로 끌어내려야 할 권리와 의무를 인류에게 명령한다는 믿음 말이다. 내가 모든 급진주의자들에게 공정함을 유지하며 이 글을 쓴다고 하긴 어렵다. 어떤 급진주의자들이 말하는 '사회적 양심'은 조금 나은 무언가를 의미했다. 그들은 이 세계에서 혜택을 입은 사람들은 그렇지 못해서 불운한 사람들을 지원해야 한다는 전통적 의무를 이야기했기 때문이다. 그러나 이런 의미로 '사회적 양심'이라는 표현을 사용한다면 그저 단순히 '양심'이라는 단어를 사용하는 경우에 비해 어떤 이점이 더 있는지 나는 잘 모르겠다. 양심은 언제나 자선을 명령해왔다. 나는 대부분의 급진주의자들이 '사회적 양심'을 거론할 때 그저 정치적 기득권층을, 사유 재산과 우월한 개별적 능력을 보유한 사람들을 무너뜨리고 싶어 하기 때문일 뿐이라고 생각한다.

보수주의자들은 개인적 양심과 사회 사이에 어떠한 벽도 세운 적이 없다. 양심이 명하는 바에 따라 신과 자기 자신에게 지는 의무와 별개로, 양심의 전반적인 기능은 다른 사람을 공정하게 상대하는 방법도 가르친다. 그리고 사회란 단지 사람들을 집단적으로 고려한다는 의미일 뿐이다. 따라서 우리가 만나는 이웃을 대하는 양심과 추상적 '사회'를 대하는 양심이 각각 따로 존재하지 않는다. 마치 사회가 개인으로 구성되지 않는다는 듯 말이다. 양심은 그저 양심일 뿐 '사회적'이지도, 또 '반사회적'이지도 않다. 그것은 도덕적 인간으로서 우리가 다른 도덕적 인간들과 함께 어떻게 살아가야 하는지를 가르치는 정의와 윤리관이다.

따라서 보수주의자는 '반사회적'이거나 '양심이 없는' 사람이 아니다. 사려 깊은 보수주의자는 우리가 아는 이들을 직접 보듬는 정도에 비례해 양심의 건강한 정도가 결정된다고 믿는다. 반면 추상화되거나 감상적으로 변하고, 일반화 혹은 제도화되며 더 나아가 비인간적 정치 권위로 강요될수록 건강한 양심이 아니라고 믿는다. '세상에 입맞춤을 하사하고'[25] '사회적 양심'을 수다스럽게 이야기하는 사람들이야말로 사적인 의무와 이웃을 직접 대면할 때 옳고 그름을 지키는 보호자로서는 가장 신뢰하기 힘든 사람들이다. 비인간적인 제도와 이론적 독단에 집착하는 추상적 이념과 달리 보수주의는 '사람들에 대한 충성loyalty to persons'이라고 이야기되어 왔다. 바로 그렇게 보수주의자는 진정으로 인간, 도덕적 개인을 존중하기에 양심적이다. 그는 자선이 가정에서 시작된다는 사실을 알고 있다는 바로 그 이유 때문에 자비로운 사람이다. 또한 개개인을 효율적으로 계획된 경제의 부속품이 아닌, 사랑의 신성한 계율 아래 살아가는 형제와 자매로 바라본다는 바로 그 사실 때문에 그는 공정하다.

옛날식 양심은 모든 사람들을 자비롭게 행동하도록 촉구해왔다(글자 그대로 이해하자면 '자선Charity'은 단순히 '구원'이 아닌, '부드러움tenderness'을 뜻한다). 자선은 언제나 강자, 현명한 자, 근면한 자, 선견지명이 있는 자, 운이 좋은 자, 민첩한 자, 잘생긴 자, 부를 상속받

---

25 마치 신이나 된 듯 세상을 대한다는 의미임.

은 자의 가슴 속에 자라난 자비의 마음에서 시작된다. 그들은 능력이 닿는 최대한, 약하고 불운하고 아프고 늙고 어리석어 보이는 사람들을 돕도록 배워왔다. 이런 점에서 양심은 언제나 '사회적'이었다. 보수주의자는 자선의 의무를 알려주는 새로운 신의 섭리를 필요로 하지 않는다. 그러나 그는 바람직한 양심으로 가는 길은 **개인적**personal 자선, **개인적** 관계, **사적**private 의무를 통해야 한다고 확신한다. 거대한 국가적 계획의 기계적이고 비인간적인 기능을 통해서는 대개 바람직한 양심으로 가지 못한다는 게 그의 생각이다. 보수주의자는 자선처럼 양심도 가정home 가까이에 두고 싶어 한다. 일단 개인적인 차원을 벗어나면 양심은 더 이상 양심이 아닌, 계몽된 사리사욕이나 실정법으로 변형된 그 무엇에 지나지 않기 때문이다. 그는 어떤 문제 혹은 어떤 비상사태의 경우엔 개인적 양심이라도 공공 기관을 통해 반드시 집단적으로 작동돼야 한다는 사실을 인정한다. 그러나 양심의 본질을 이해하기에 그는 양심의 작동을 가능한 한 끝까지 개인적이고 사적인 문제로 유지하려 노력한다.

예를 들어 자선 활동에 참여할 때 보수주의자는 우선 개인적으로, 또 사적으로 할 수 있는 최선을 다하려 한다. 그 일이 자신의 힘이나 가족의 협력만으로 어려울 때는 민간 자원봉사 단체들에 주목하고, 그것으로도 모자라면 지방 정부municipal나 지역local, 또는 주state 당국의 활동에 호소한다. 그리고 이 모든 방법으로도 부족하다면 마침내 연방 국가적 규모에서 자선 활동을 벌이게 된다. 그렇지만 보수주의자는 대규모 비상사태를 제외한 사회적 문제 대부분의 해결책은 그런 기관을 통하지 않고서 모색되어야 한다고 믿는 경향이 있다. 다시 말해 각종 사회적 문제들은 선량한 사람들 대부분이 이웃에 느끼는 의무감이나 소박한 양심이 개인적·지역적·민간단체 차원에서 작동할 때 가장 인간적으로, 또 충분히 해결된다고 믿는다. 만약 그런 건강한 개인적 양심이 냉담함이나 악으로 추락한다면 '사회적 양심'을 아무리 이야기한다 해도 소용이 없다. 개인적 차원의 도덕이 나쁜데 공중의 도덕이 좋은 나라란 존재할 수 없기 때문이다.

CON
SER
VAT
ISM

4장

개인의

독립성

'자본주의'와 마찬가지로 '개인주의' 역시 19세기 사회주의자들이 만든 용어다. 그들은 이 용어로 사회주의자는 '사회', 즉 모든 사람들의 복지에 관심을 갖지만 보수주의자는 '개인주의자'이기 때문에 이기적으로 오직 자기 자신에게만 관심을 둔다는 주장을 펴고자 했다. 이런 식의 보수주의자 묘사는 대단히 악의적이다. 그렇다면 진정한 보수주의자들은 인간의 독립성individuality과 개인의 권리에 관해 무엇을 믿는지 알아보자.

'개인주의'라는 용어는 요즘 미국에서 매우 느슨하게 사용된다. 사회주의자가 '개인주의자'들을 묘사하는 방식과 마찬가지로, 보수적 견해를 가진 몇몇 이들은 보수주의자가 정말 원칙적으로 이기적이라는 듯 말을 하고 글을 써서 자신과 보수적 대의명분에 해를 끼친다. 정치학 용어로서의 '개인주의자'—다시 말해 '개인주의'라는 정치 이념에 전적으로 동의하는 사람—는 윌리엄 고드윈William Godwin[26], 토머스 호지스킨Thomas Hodgskin[27], 허버트 스펜서Herbert Spencer[28]의 신봉자라는 의미다. 고드윈과 호지스킨은 급진적 교조주의자였고 스펜서는 비록 글에서 약간의 보수적 요소를 보이긴 했으나 자신을 보수주의자라고 생각해본 적이 없는 사람이다.

고드윈이나 호지스킨 학파의 개인주의자들은 모든 인간이 곧 그 자신에게 적용되는 하나의 법이고, 이미 수립된 제도들—특히 사유 재산을 규정한 기존의 형태들—은 비합리적이라고 믿었다. 또한 전통 종교와 전통적 도덕은 대부분 비상식적이고, 모든 사람은 모든 점에서 자기 좋을 대로 행동해야 한다고 생각했다. 이런 개념을 두고 뭐라 말해야 할진 모르겠으나 분명 그들은 보수주의자가 아니다. 자신을 개인주의자라 일컫는 보수적 성향의 미국인들은 전

---

26 1756~1836, 영국의 언론인이자 정치 사상가, 소설가. 공리주의를 가장 앞장서 주장한 사람의 하나이며 근대 최초의 무정부주의임.

27 1787~1869, 영국의 사회주의자이자 정치경제학 저술가, 자본주의 비평가. 자유 교역과 초기 노동조합을 옹호했음.

28 1820~1903, 영국 빅토리아 시대의 고전 자유주의 정치 이론가이자 철학자, 생물학자, 사회학자. 문화나 정신을 포함한 인간 사회는 생물학적 유기체를 모두 포함한 물리적 세계와 함께 진보한다는 포괄적 개념의 진화론을 개발했음.

체적인 논의를 대단히 혼란스럽게 만들고 보수주의의 평판을 떨어뜨릴 위험이 있다. 사회주의자의 눈에 비친 보수주의자는 가슴이 없는 개인주의자이며, 무자비한 경쟁에나 몰두하고, 철저하게 이기적이며, 자비롭게 대하거나 존중받아야 할 세상의 모든 대상에 적대적이다. 따라서 스스로 개인주의자라 칭하는 일부 보수적 성향의 미국 사람들은 사회주의자들에게 곧장 이용당할지 모른다. 그러나 진정한 보수주의자는 진정한 개인주의자일 수가 없다. 그 용어의 엄격한 의미로 바라보자면, 완벽한 개인주의자는 종교와 애국심 그리고 재산 상속과 과거에 적대적이다. 그에 반해 진정한 보수주의자는 종교적 믿음, 국가에 대한 충성, 사회에 이미 수립된 권리, 그리고 조상들의 지혜를 적이 아닌 친구로 여긴다.

앞에선 정치적 용어로서의 개인주의가 갖는 엄격한 의미를 밝혔지만 그럼에도 보수주의자는 개인의 탁월함, 그리고 인간이 그 자신일 수 있는 권리를 믿는다는 점에서는 개인주의자라 해야 옳다. 국가라는 정치 체제의 과도한 요구와 개인의 권리 사이에서 갈등이 일어날 때 보수주의자는 개인의 편에 선다. 그는 국가가 사회를 구성하는 개개인들과는 독립적으로 존재한다는 헤겔Hegel의 이론에 반대한다. 정부라는 형태는 신의 섭리하에서 인간의 필요를 충족시키려고 만들어낸, 인간의 지혜에서 나온 고안물이라고 보수주의자들은 믿는다. 그런 인간의 필요에서 가장 으뜸인 것은 정의와 질서 그리고 자유다. 만약 국가라는 정체가 개인의 그 권리들을 무시하기 시작하고 '민주적 전제주의democratic despotism' '대중국가mass state' '프롤레타리아 독재' 같은 체제를 세운다면 보수주의자는 이에 단호히 맞서 싸운다. 왜냐하면 공정한 정부는 정의와 질서에 일치하는 모든 자유를 개인에게 보장한다고 생각하기 때문이다. 공정한 국가의 기능은 법의 이름으로 개인의 자유를 늘리는 데 있지, 축소하는 데 있지 않다. 만약 추상적인 '보편적 복지'라는 이름으로 국가가 개별 시민의 정상적인 자유를 줄여버리면 보수주의자는 개인의 독립성이라는 대의명분을 결연히 앞세운다.

간략히 말해 나는 보수주의자들이 개인의 독립성, 사적인 권리, 사회의 다양성 모두를 지지하고, 급진적 정치 이념으로서의 '개인주의Individualism'와 개인을 그저 국가의 노예로 삼아버리는 정치 체제 모두를 반대한다고 생각한다. 보수주의자는 현명한 정부라면 인간의 품위와 관련해 두 개의 커다란 원칙을 분명히 세우려 노력하리라 믿는다. 첫 번째 원칙은 탁월한 정신과 능력의 소유자들이 자신들의 능력을 펼치고 계발할 권리의 보호다. 두 번째 원칙은, 탁월한 일을 성취할 능력이나 그런 희망이 없는 보통 사람들도 뛰어난 능력의 사람들로부터 억압받지 않고 각자의 의무를 이행하면서 즐거움을 추구하는 잔잔한 삶을 살아가도록 보호하는 것이다. 보수주의자들은 이 두 가지 원칙이 진정하고 건강한 개인을 보호하고 육성한다고 생각한다. 그들은 인간이 비록 법 앞에선 평등하지만 능력과 욕망에선 서로 매우 다르다고 믿는다. 야망, 에너지, 정신과 가슴의 탁월한 능력으로 가득한 사람들은 자신의 능력들을 최대한 발휘하도록 허용되어야 한다. 물론 다른 사람의 권리를 침해하지 않는다는 조건하에서 말이다. 그러나 인류 대부분을 구성하는 평범한 사람들은 조용히 규칙적으로 안전하게 살아가고 싶어 하고, 이런 이들 또한 그들이 원하는 대로 살아가게끔 허용되어야 한다. 물론 힘과 재주가 넘치는 사람들을 윽박질러 자신들의 취향과 쾌락에 굴복하도록 강제하려 들지 않는다는 전제하에서만 그렇다. 이양 집단의 권리들이 확보될 때 사회는 공정한 정부를 갖게 되고, 개인의 독립성은 적절히 인정된다.

진정한 보수주의자는 이웃의 희망과 권리를 짓밟는 이기적인 '개인주의자'—사회주의자가 묘사한 불유쾌한 의미의—가 아니고, 정신과 조건에서 어떤 획일적 평균으로 모든 인간을 축소하려 드는 흐리멍덩한 집산주의자도 아니다. 보수주의자는 인간 개개인이 서로 다르길 원한다. 모든 사람이 동일한 세계는 끝없이 지루하고, 스스로 멸망을 향해 침몰해가기 때문이다. 그러나 사람들이 실질적으로 같아야 하는 분야가 있기는 있다. 그들은 보편적으로 같은 도덕적 원칙에 동의해야 하고, 문명의 유산에 공통된 존경심을 표해야 하며, 자신들에게 정의와 질서 그리고 자유를 주는 사회 제도들에 대해서도 공통의 충성심을 느껴야 한다. 이런 중대 사안들의 관점에서라면 보수주의자들은 '체제 순응주의자'라 불린다 해도 두려워하지 않는다. 또한 뿌리 없는 방랑자나 급진적 혁명가들이 이렇게 도덕적이며 사회적으로 널리 합의된 지혜를 전복하려 들 때, 보수주의자들은 문명적 삶을 파괴하고야 마는 그런 '개인의 독립성'을 주저 없이 비난한다.

다시 말해 보수주의자는 무정부주의자가 아니라는 뜻이다. 보수주의자는 공정한 정부—견제와 균형이 있고 개인의 권리가 보장되는 미국 헌정 체제의 정부 같은—가 선을 추구하는 위대한 힘이 된다고 믿는다. 독립선언서의 서명자들과 제헌의회의 구성원들은 개인주의자가 아니었다. 과거의 도덕적·정치적 제도들을 모두 파괴해버리면 자유롭고 행복해진다고 믿는 그런 특별한 의미에서라면 더더욱 그렇다. 오히려 건국의 아버지들은 '보다 완벽한 동맹'을 수립하려 노력했다. 현명한 헌정 체제와 신중한 정부는 바로 인간 본성의 무정부적 충동을 억제해주고 그로써 개별 인격은 더욱 닦이고 번성하리라 생각했기 때문이다. 이웃의 희망과 권리를 존중하지 않고 단순히 자신이 원하는 대로만 행동하는 게 진정한 자유는 아니다. 그런 행동들은 보다 높은 인간성의 진정한 계발로 이어지지 않고 오히려 '가난하고, 불결하며, 야만적이고, 결핍된' 원시적 형태의 삶으로 우리를 이끈다.

보수주의자는 또한 집산주의자도 아니다. 보수주의자들은 인간이 살아가는 동안 스스로 선택을 내릴 수 있고, 선택하도록 기대되는 정도에 비례하여 자유롭다고 믿는다. 곤충들의 사회insect-society, 즉 매우 많은 구성원들의 의지가 과두적 지배자들의 결정에 복속하게끔 되어 있는 사회는 보수주의자들이 원하는 사회 형태가 아니다. 보수주의자는 국가의 존재 이유가 개별 구성원들에게 자유·정의·질서를 제공하는 데 있으며 단지 추상적인 국가에 봉사하려고 개개인이 존재하는 것은 아니라고 생각한다. 그는 만약 전지전능한 정치적 권위가 인간 대신 결정을 내려준다면 인간은 진정한 인간일 수 없다고 생각한다. 그는 풍성하고 활력 있으며 흥미로운 사회의 다양성을 보고 싶어 한다. 그런 사회에서 인간은 도덕법과 제한된 정부의 온건한 제약에만 복속하며 '사소하고 아주 작은 자기 자신만의 존재'로 남을 수 있다.

보수주의자는 무제한의 자유가 압제와 무정부로 이어짐을 안다. 어떠한 제약도 받지 않는 정부가 집산주의로 이어지듯 말이다. 그러나 그는 무정부적 개인주의를 억제하는 가장 효과적인 방법은 정치적 권위에 근거한 규칙적이고 요란한 경찰력의 행사가 아닌, 도덕률과 사적인 양심에의 복종이라고 믿는다. 그는 정부 그 자체가 이기심과 인간의 권력욕을 성공적으로 규제하지는 못한다고 생각한다. 우리는 개인적 삶에 사사건건 개입할 권한을 국가의 권위에 부여하는 매우 복잡한 법률을 통과시킬 수 있다. 그 법률에 근거해 개인의 이기심과 허영심, 그리고 권력욕을 제거해보겠다는 취지에서 말이다. 그러나 그 법률은 그것이 억누르려 했던 악을 오히려 더 키울 가능성이 크다.[29] 한 사회의 선함은 그 사회에 속한 개인들이 도덕률의 기준에서 선하고 진정으로 자유로운 정도에 비례하기 때문이다.

공정한 법률이나 도덕적 제약이 없는 상태에서는 개인의 독립성이 종종 이기심의 과잉으로 이어졌다. 미국 역사에 그러한 사례는 많다. 그러나 보수주의자는 경찰국가의 힘을 발동하기보다는 개인적 양심을 운용해 '무자비한 개인주의'를 개혁하려는 노력을 선호한다. 아리스토텔레스Aristotle는 이기심을 견제하는 유일한 길은 '본성이 더 고상한 사람들을 훈련시켜 더 많이 욕망하지 않도록 만드는 데' 있다고 말했다. 시기심을 견제하는 오직 하나의 진정한 방법은 비상한 재주를 지닌 사람들에겐 그들만의 고유한 권리가 있음을 많은 대중에게 환기시키는 것이다. 평범한 사람들도 그들만의 권리를 지녔듯 말이다. 한 세대 전 어빙 배빗Irving Babbit[30]은 이 문제

---

29 오히려 그 법을 활용해 이기심과 허영심, 그리고 권력욕을 충족하려 드는 사람들이 있기 마련이라는 지적임.
30 1865~1933, 미국의 학자 비평가, 신인문주의의 창시자. 1910년에서 1930년까지 낭만주의를 비판하며 문학과 보수 사상의 논의에 심대한 영향을 미쳤음.

와 관련한 자신의 보수적 견해를 대단히 근엄하게 피력했다.

정상에 있는 사람이 욕망을 다스리지 못할 땐 바닥에 있는 사람들의 욕망에 불을 질러야 그 질병이 치유된다며 선동가들은 우리를 설득해왔지만 이는 사실이 아니다. 마치 주마등처럼 변하는 '사회 정의'라는 환상을 진정한 정의라고 우기는 그들의 주장 또한 마찬가지다. 그렇게 사회 정의를 진정한 정의로 만들어버리면 그 위반자를 개별적으로 처벌하는 데서 멈추지 않고 곧 고개를 돌려 재산권이라는 제도 자체를 공격하게 된다. 과거에도 늘 그랬듯 자본과의 전쟁은 게으름과 무능력을 옹호하는 근검·노력과의 전쟁으로 빠르게 변질되고, 결국엔 사실상 보편적 정직성을 파괴해버리는 몰수 제도가 이상적 해결책이라고 선언해버리고 만다. 무엇보다 사회 정의는 경쟁을 부분적으로 혹은 전체적으로 억압하기 때문에 건전하지 않다. 진정한 정의의 목적, 즉 모든 사람은 자신이 하는 일에 따라 보수를 받아야 한다는 목적은 경쟁 없이 달성되지 않는다. 오래전 헤시오드 Hesiod [31] 가 지적했듯 경쟁의 원칙은 모든 세상사의 뿌리에 깊이 새겨져 있다. 다시 말해 모든 세상사에는 본질적으로 진정한 승리나 진정한 패배를 요구하는 무언가가 있다. 경쟁은 인

---

[31] 기원전 750~650년 사이에 호머와 함께 활동했다 여겨지는 그리스 시인. 서양 전통에서 최초로 자신이 시인임을 자각하며 쓴 시를 남긴 시인으로 간주됨.

간이 타고난 나태함을 떨쳐버리고 일어서도록 하는 데 필요하다. 경쟁이 없으면 삶은 풍미와 향기를 잃는다. 헤시오드는 계속해 말한다. 경쟁에는 오직 두 가지 종류가 있다. 하나는 피를 흘리는 전쟁으로 이끌며 다른 하나는 진취적인 정신과 높은 성취를 낳는다.

이렇듯 보수주의자는 진정한 개인의 독립성, 즉 인간의 권리와 의무는 그 자체가 목적이어야 한다는 생각에 전적으로 공감한다. 보수주의자는 계몽된 경쟁, 계급·지위·부의 차이, 다양성은 물론 위험까지 있는 삶을 추구한다. 그러나 이기심, 사적이고 부정한 야망, 원칙적으로 "악마는 제일 뒤처진 사람을 잡아먹는다."라는 정신을 지지하는 '개인주의'의 교조적 신봉자가 되려 하진 않는다. 그는 답답한 집산주의만큼이나 비정한 개인주의도 추구하지 않는다. 사회가 진정한 개인의 독립성을 장려해야 하고, 무자비한 개인주의는 사적 양심과 좋은 헌정 체제로 적절히 견제된다고 보수주의자는 생각한다. 또한 그는 우리의 경제 활동과 사적인 삶을 언제나 정치적으로 직접 감시한다 해서 무자비한 개인주의가 견제되리라고 믿지도 않는다. 보수주의자는 이념가가 아니다. 때문에 그는 도덕적이고 정치적인 완벽한 무질서anarchy를 갈망하지 않고, 개인적 다양성에 반대하는 전체주의적 '복지국가'를 희구하지도 않는다. 그는 오래전에 수립된 우리 미국 사회에서는 사적인 야망과 공공의 질서가 조화를 이루어 상호 견제되며, 국가와 개인의 대립에서 오는 문제의 일반적인 해결책이 제시된다고 생각한다.

어떤 사회도 정돈된 정부와 사적인 야망이라는 상충된 요구를 단번에, 또 영원히 해결한 적은 없다. 우리가 바랄 수 있는 최선은 일반적 원칙을 인정하는 사회다. 더 나은 사람들에겐 스스로를 계발할 권리가, 보통 사람들에겐 잔잔하게 살아갈 권리가 부여된다는 원칙이 인정되는 사회 말이다. 무자비한 이기주의가 이런 원칙을 전복시킬 위험이 있었던 때가 미국 역사에도 있었다. 그러나 그런 때는 지나갔고 지금 우리는 국가가 획일적인 '사회 정의'라는 이름으로 진정한 개별성을 억누를지 모른다는 위험에 직면했다. 따라서 신중한 보수주의자는 대중국가의 오만한 요구들에 맞서는 개인의 권리들을 온 힘으로 지원함으로써 양자 사이의 균형을 조정하려 노력해야 한다.

CON SER
VAT ISM

5장

가족

버크는 "공적 애정의 싹은 우리가 속한 작은 집단platoon을 사랑하는 법을 배울 때 자라나기 시작한다."라고 썼다. 자기 주변의 사람을 먼저 사랑하지 않는다면 우리는 국가에 어떤 애정도 느끼지 못한다. 보수주의자는 가족family이야말로 한 사회의 자연발생적 근본이자 핵심이며, 가족이 쇠락하면 음습한 집산주의가 그것을 대체한다고 생각한다. 더불어 그는 가족이 도덕적 가르침, 일상적 교육, 만족스러운 경제적 삶의 주요 수단으로 남아야 한다고 여긴다. 사랑은 삶을 살아갈 만하게 만들며, 이러한 사랑은 가족 안에서 배워야 한다. 가정 생활이 병들면 사랑도 시들어간다.

가족의 영향력을 축소하려는, 심지어 단순 번식을 제외한 모든 면에서 가정을 파괴하려는 매우 강력한 세력들이 있다. 이런 세력들의 상당수는 물질적인 현상이며, 특정 의도에서 만들어진 결과물이 아니다. 근대 산업주의의 어떤 면은 가정이라는 옛 경제적 화합을 깨버린다. 예컨대 가족 구성원들이 그들의 시간 거의 전부를 식구가 아닌 다른 이들과 써버리게 만드는 싸구려 오락과 교통수단 등이 그런 예다. 공립학교들은 예전에 가족 안에 있었던 교육적 기능들을 상당 부분 빼앗아갔다. 진정한 보수주의자는 사람들에게 가족 사랑이 물질적 이득보다 더 중요하다고 상기시켜 이런 경향을 고치거나 거스르려 노력한다. 그는 가족의 화합과 근대 생활의 요구를 조화시키려는 실질적 수단을 강구하려 애쓴다.

그러나 가족에 적대적인 세력들 중엔 인위적이거나 의식적인 것들도 있다. 그런 다소 의도적인 세력들은 사회·교육·정치 영역에서 지혜롭게 억제되어야 한다. 이런 불길한 세력의 핵심에는, 가족이 한때 담당했던 모든 의무를 국가라는 정체가 맡게끔 만들고자 하는 특정 사람들의 의도적인 욕망이 자리한다. 그 욕망은 집산주의의 가장 철저하고 재앙적인 형태란 결과를 낳았다. 집산주의의 길로 들어서자고 주장한 사람들의 의도는 아주 선했을 수도 있겠으나, 그렇다 해서 그들이 실제 저지른 일이 정당화되지는 않는다. 그런 시도가 인간을 어떤 지옥으로 이끌었는지 우리는 잘 안다. 탁월한 역사 사회학자인 로버트 니스벳Robert Nisbet 박사는《공동체

추구《Quest for Community》라는 저서에서, 가족을 멸절하려고 나치와 공산주의자 등 전체주의자들이 세웠던 계획을 다음과 같이 묘사했다.

전체주의적 정신 구조를 가진 교활한 사람들은 친밀한 가족 관계와 종교적 헌신의 힘을 잘 안다. 미래에 저항의 기반으로 사용될 가치와 동기를 사람들 사이에서 강력하게 유지시켜주는 힘이 거기에서 나오기 때문이다. 따라서 전체주의자들로선 각 구성원, 특히 젊은 구성원들을 가족에서 절대적으로 해방시킬 필요가 있다. 친족 관계에서 개인을 정신적으로 소외시킨다는 이 계획은 염탐이나 밀고라는 부정적 과정을 통해서뿐 아니라 가족이 주는 소속감의 기능적 토대를 위축시키는 방법으로, 또 가족 구조에 뿌리내린 사회적 역할들을 새롭고 매력적인 정치적 역할들이 대체하게끔 만드는 방법으로 실행된다. 구체적인 기법은 다양하다. 그러나 이런 방법들의 핵심은 사회를 구성하는 개인들이 정신과 영혼, 전통이 없는 군중으로 바뀔 때까지 가족과 모든 다른 형태의 집단들을 원자화하는 것이다. 자신의 구상을 실현하려는 전체주의자는 정신적·문화적으로 텅 빈 사회를 반드시 필요로 한다.

조지 오웰George Orwell은 소설《1984》에서, 부모를 체계적으로 염탐하라 배우고 그들의 파멸을 유도하도록 승인받은 런던의 아이들을 묘사한다. 가족의 사랑, 아니 모든 사랑의 최종적인 해체는 공산주의자들이 지배하는 국가에서 이미 현실이 됐다. 만약 세계 다른 지역에서도 가정이 이처럼 계속 퇴락해간다면 그런 궁극적 파국은 미국 사회에서도 벌어질지 모른다.

가족을 저해하려는 대중국가의 의도적이거나 유사 유도적quasi-deliberate 기법의 일부는 다음과 같다.

1. 공교육으로 '**전인** 교육을 하겠다'고 처방하는 이론들을 공식적으로 채택함과 동시에 부모의 지능과 권리를 평가절하하며 그들에게서 자녀 교육권을 전적으로 빼앗는다.

2. '청년 조직'들을 구성해 젊은이들이 여가 시간을 가정의 영역 밖에서 사용하게끔 만들며 그들에게 대중국가의 이념을 주입시킨다.

3. 몰수에 가까운 상속세, 가족이 저축할 여유 자금을 거의 허용치 않는 소득세 정책으로 가족의 재산 상속을 불가능하게 만든다.

4. 실정법 제정, 공식적 선동을 통해 기획된 이혼의 장려, '성적 자유,' '여성을 사적인 영역 밖으로 끌어내기deprivatization of women' 등으로 가족이 갖는 애정의 유대감을 약화시킨다. 가족의 유대감은 전체주의 국가의 희망을 무산시키는 강력한

장벽으로 작용하기 때문이다.

가족을 그저 단순한 가정경제의 단위, 게다가 오직 깨지기 쉽고 비인간적인 가구household로 만들어버리겠다며 정치적 권위가 활용하는 또 다른 방법들이 있다. 가정을 깨려는 이런 의도적 공격, 또 조금은 덜 의도적이지만 여전히 가정을 위협하는 현대 생활 자체라는 공격에 보수주의자들은 맞서 싸운다. 그들은 가족이 살아남게 하려면, 아니 가족이 선을 추구하는 위대한 힘이란 사실을 믿는다면 사려 깊은 이들이 반드시 즉각적인 대응책을 마련해야 한다고 생각한다. 또한 피티림 소로킨Pitirim Sorokin[32] 교수와 마찬가지로 가족이 애매한 용어들로 단순히 찬양되기보다는 반드시 회복되고 우리 사이에 재구축되어야 한다고 믿는다. 소로킨 박사는 이렇게 썼다.

> 가족은 (…) 단 하나의 집단적인 '우리we'이기 때문에 육체와 영혼, 그리고 마음과 정신 모두가 다시 통일되어야 한다. 깊은 공감과 동정심, 사랑, 가족 구성원들에 느끼는 충성심, 가족 안에서뿐 아니라 인류 전반을 향한 충성심을 가르치는 가정의 기본적 기능은 반드시 회복되고 충

---

32 1889~1968, 러시아 태생의 미국 사회학자이자 정치 활동가. 사회순환 이론에 기여한 것으로 유명함.

분히 발전되어야 한다. 평균적인 좋은 가족만큼 이런 기능을 잘 수행해 낼 기관은 그 어디에도 없기 때문이다. 이러한 형태의 가족은 새로운 창조적 사회 질서의 주춧돌이 된다.

소로킨 박사가 말했듯 지적인 보수주의자는 그저 가만히 서 있는 존재가 아니다. 특히 전통과 수립된 제도들이 무자비한 힘으로 뜯겨져나가는 이 시대에, 보수주의자는 과거를 공부할 뿐만 아니라 미래까지 내다보아야 한다. 그는 가족이 소멸하지 않도록 가정을 복구해야 하며, 더 낫고 새로운 사회 질서를 창조해야 한다. 사회적 집산화의 참담한 과정에 협조함으로써가 아니라 오래되고 잘 사랑받아온 가족, 교회, 공동체라는 제도들에 새로운 생명력을 불어넣어 더 나은 사회 질서를 창조해야 한다는 뜻이다. 가정은 진정으로 자발적인 공동체이며 공동의 이해와 사랑에서 영감을 얻는다. 가정의 기능을 대신할 유일한 대안은 물리력과 중앙에 집중된 권력으로 지배하는 전체주의 국가다.

보수주의자는 다양한 종류의 자유에 동의한다. 그런 자유에는 정당하고 균형 잡힌 헌정 체제하에서 발휘되는 정치적 자유, 도덕 법칙하에서 작동하는 경제적 자유, 지적 책임감으로 균형 잡힌 지적 자유 등이 있다. 그러나 사려 깊은 보수주의자가 무정부적이고 악의적이라 여기는 '자유'들도 있다. 다른 사람의 재화를 빼앗아도

된다는 천부적 자유, 법과 질서를 전복할 자유, 진정한 자유를 창조한 도덕률을 철폐할 수 있는 자유 등은 보수주의자가 인정하지 않는 자유다. 또한 그는 가족을 창조한 애정과 이해의 모든 섬세한 관계를 해체하는 자유를 정당하게 누릴 개인 혹은 집단은 없다고 주장한다. 그러한 욕구는 자유가 아닌 방종이다. 결혼을 단순히 성적 결합의 법률적 형태로 만들려는 요구, 그에 그치지 않고 인간을 동일한 기능이나 과업을 수행하는 일개 점으로 만들려는 요구, 부모의 영향력에서 아이를 '해방시켜야 한다'는 요구, 집산주의적 '새 도덕성new morality'을 지지하면서 인류의 축적된 지혜인 도덕적 교훈을 모두 내다버리려는 요구들은 질서 있는 자유의 일부가 아니며 실은 진정한 자유의 부정이다.

가족은 성적 충동의 만족을 목적으로 삼는 단순한 제도나 거주 수단 그 이상이다. 소로킨 박사가 이야기 했던 바와 마찬가지로 "가치라는 공통의 토대, 공통의 기쁨과 슬픔, 자발적 협력과 희생을 통해 가족은 어느 집단보다 성공적으로 그 구성원들을 하나의 통일체로 변화시켰다." 가족은 헛된 집산주의를 견제한다. 또한 가족은 사랑과 의무, 그리고 진정한 인간이 어떤 의미를 갖는지 우리에게 가르친다. 무엇보다 가족은 처음으로 '우리가 속하는 사회의 작은 집단'이다. 가족이 없다면 우리 문화의 매우 중요한 그 무엇도 보존 혹은 개선되지 못함을 보수주의자들은 알고 있다. 전통적 가족은 오래 유지되어온 많은 제도들처럼 우리에게 뿌리가 되어주는 필수 불가결한 존재다. 그 뿌리가 없다면 우리는 인류의 그저 매우 많은 외로운 작은 원자로서, 또 방종한 존재로서 어느 철권 정치 지배의 자비에나 맡겨지고 만다.

CON SER
VAT ISM

공동체

"고독한 사람은 야수이거나 신"이라고 아리스토텔레스는 말했다. 우리 대다수는 신이 아니기 때문에 야수가 되지 않으려면 공동체를 이루며 살아가야 한다. 도덕적 성장과 문명을 가능케 하는 공동체는 인류의 위대한 산물이다. 공동체가 약화되면 대개는 무질서한 자유anarchic freedom가 아닌, 숨 막히는 집산주의가 들어선다. 아리스토텔레스는 인간이 자연적으로 군집을 이루며 다른 사람과 함께 있는 즐거움을 누리려 한다고 우리에게 상기시킨다.[33] 그렇기에

---

33 인간은 사회적 동물이라고 아리스토텔레스가 말했다.

진정한 공동체를 어지럽히는 사람은 인간 본성의 위대한 부분을 빼앗아가는 셈이다.

　사적 자유privacy와 사적인 권리를 언제나 대단히 소중하게 여겼던 우리 미국인들은 그와 동시에 따뜻하고 풍성한 공동체 정신이 두드러졌던 국가에서 살아왔다. 미국의 도시와 마을 그리고 지역 정부county government들, 번창하는 자발적 민간 단체들, 셀 수 없이 많은 자선과 친목 단체들은 모두 진정한 공동체를 원했던 미국인들의 희망이 구현해낸 모습들이다. 토크빌은 공동체에 봉사하고 공동체를 증진시키려는 미국인의 순수한 욕구가 유럽인보다 강력하다는 사실을 발견했다. 심지어 미국인들은 이리저리 움직여 다니길 좋아하는 경향이 있음에도 말이다. 오레스티스 브라운슨이 미국의 "영토적 민주주의territorial democracy"라 불렀던 '지역적으로 자유로운 정부'는 지역적 독립심과 긴밀한 이웃사촌 의식, 자발적 단체 등이 모두 조화를 이룬 덕에 탄생했다. 이는 프랑스 혁명 이후 유럽에서 생겨난, 중앙 집중화된 광신적 민주주의 체제와 사뭇 달랐다.

　20세기의 급진적 사회 개혁가들은 진정한 공동체를 혐오한다. 그들은 단일하고 경직된 틀에 사회가 강제로 담기길 원한다. 중앙 정부나 행정 명령을 통한 지배, 삶의 획일성이 그 사회의 특징이며 모든 개인적이고 지역적인 특색은 제거된다. 급진주의자, 특히 마르크스주의자들은 건강한 공동체가 그들 계획에 차질을 빚는 적

enemy임을 안다. 공동체는 견해와 관습의 다양성을 장려하며 중앙 집중화된 전제정치에 반대하는 모든 자발적 단체들을 보호하기 때문이다. 따라서 급진적 선동가는 일단 권력을 잡은 뒤엔 지역 공동체의 활력을 뿌리 뽑으려 애쓴다. 그 짓을 히틀러가 독일에서 시도했고, 또 러시아와 다른 지역의 공산주의자들이 처절하리만치 철저하게 완수했다.

요즘 들어 진정한 공동체의 적은 급진 개혁가만이 아니다. 근대 기술과 경제적 삶에서 나타나는 거대한 맹목적 추세들 역시 전통적 공동체를 위협한다. 생산과 분배의 중앙 집중화, 농촌 생활양식들의 쇠퇴, 지나친 인구 이동, 오락과 풍습의 규격화, 여러 분야에서 지역 정치나 자선 기능을 국가나 연방의 관료 체제로 몰아가려는 (비록 잘못됐지만) 좋은 의도의 표류들이 그런 추세의 예다. 깨어 있는 보수주의자라면 혁명적 정치 강령보다는 직접적 위협이 덜하겠지만 보다 미묘한 이런 영향들과도 맞서 싸워야 한다.

진정한 보수주의자는 공공심公共心이 투철하다. 그는 공동체를 믿지만 그렇다 해서 집산주의자는 아니다. 이 나라에서 공공심이 투철한public-spirited 사람들은 공화국의 존재를 믿는다. 공화국에서는 공공의 이익과 관련된 거의 모든 행위들을 민간인들 혹은 지역 집단들이 자발적으로 수행한다. 반대로 집산주의자는 그런 일을 대중국가가 해야 한다고 믿는다. 대중국가에선 강제가 곧 질서고 중앙 기관이 인간의 모든 측면을 규제하는, 통합된 단일 지배 체제가 작동한다. 물론 이론적으로는 모두에게 유리한 지배라고들 하나 사실 이는 특정 계급이나 무리들에게만 유리한 체제다. 집산주의는 공동체가 과거에 행해오던 기능을 찬탈해버린다. 만약 공동체가 한 번 훼손되면 자발적 공동체로 돌아가기란 거의 불가능해진다.

진정한 공동체에서는 시민들의 삶에 직접적으로 영향을 미치는 결정이 지역적으로, 또 자발적으로 이뤄진다. 사법 행정, 경찰의 기능, 공공 건물이나 여러 공공 시설과 도로의 유지 보수, 세금의 산정과 징수, 자선 단체와 병원의 관리, 학교의 건립, 경제발전 감독 등의 일들을 둘러싼 결정 말이다. 이런 기능의 일부는 지역 정치 체제가 담당하지만 나머지는 민간 단체들이 처리한다. 건강한 공동체는 이런 일들이 지역적으로 이뤄지고 시민들의 폭넓은 합의로 뒷받침될 때 제대로 작동한다. 그러나 그런 일들이 구성원들의 태만이나 일부의 찬탈 행위 때문에 중앙 집중화된 권력으로 넘어가면 공동체는 큰 어려움에 처하고, 공동체뿐 아니라 개인의 권리와 사회적 복리 역시 위험에 빠진다. 근대 민주주의에서 사려 깊고 바람직한 일 모두는 그 필수불가결한 공동체 의식을 통해서 가능해진다. '민주주의'라는 추상적인 이름을 통해, 공동체의 이런 기능들이 중앙 집중화된 권력으로 넘어간다고 치자. 그렇게 되면 피지배자의 동의에 근거한 진정한 정부는 자유와 인간의 위엄성에 적대적인, 평준화·

규격화된 비인간적인 과정으로 대체된다.

미국에선 공동체를 건강하게 만드는 영향력들의 힘이 아직 강력하다. 그 어느 나라보다 미국에는 자발적인 민간 단체들이 많다. 우리는 일반적으로 우리의 지역적 권리를 지키려 애쓴다. 또한 사회를 밀가루 반죽처럼 뭉개버리려는 급진 개혁가의 출현을 강력하게 막아내는 헌정 체제를 보유하고 있다. 그러나 경계를 늦춰선 안 된다. 공동체는 공공의 대중이 방심할 때 빠르게 무너질 수 있다.

왜냐하면 공동체의 특권에 반드시 수반하는 달갑지 않은 부담을 중앙 집중화된 권력에 떠넘기기는 실제로 쉬운 일이기 때문이다. 미국인은 학교 운영, 공공 시설의 보수, 자선 기능, 심지어 경찰 기능까지 주정부 혹은 연방정부에 점차 이관되는 현상을 용인해왔다. 이는 지역적 조세 부담을 피할 수 있어서인데, 어떤 점에선 이미 그 과정에 깊숙이 들어섰다고 봐야 한다. 그 초기 단계에서는 공동체가 오래 수행해왔던 책임을 다른 사람들의 어깨로 이미 넘겼음에도 공동체가 주는 대부분의 혜택을 여전히 누릴 순 있다. 권리와 의무를 이렇게 포기한 데 따르는 결과를 미국인이 충분히 깨달으려면 수십 년, 아니 수세대가 지나야 할지 모른다.

그러나 그 과정이 계속된다면 역사를 아는 사람은 그 결과를 쉽게 예언할 수 있다. 고故 앨버트 제이 녹Albert Jay Nock[34]은 저서《어느 잉여인간의 회고록Memoirs of a Superfluous Man》에서 그 대체적 과정을 이렇게 그렸다.

중앙 집중화에 가까워질수록 관료제는 꾸준히 늘어가고, 국가의 힘과 그에 보내는 믿음은 증가하는 데 반해 사회적 힘이나 사회적 힘에 대한 믿음은 줄어든다. 국가는 계속해서 나라 수입의 더 많은 부분을 빨아들인다. 생산은 활기를 잃어가고, 국가는 '핵심 산업'을 하나씩 인수해서 관리해나가지만 비효율과 부패, 낭비는 계속 늘어나며, 그 때문에 최종적으로 산업은 강제 노동 체제에 의지하게 된다. 이런 과정이 진행되다 보면 어느 시점엔 국가 이해들 간의 충돌 — 1914년[35]에 벌어졌던 만큼이나 포괄적이고 폭력적인 — 이 발생, 무기력한 사회 구조가 감당하기엔 너무나 심각한 산업적·재정적 혼란을 낳는다. 그 결과 국가는 '기계 장치의 녹슨 죽음'이나 해체된 익명의 세력들로 무심히 남겨진다.

나는 이에 덧붙여, 이러한 공동체의 해체와 중앙 집중화된 권력으로의 대체 현상은 대개 문화와 도덕의 쇠퇴에 비례하여 발생했다는 점을 이야기하고 싶다. 문화와 도덕은 지역 공동체가 사람들에게

---

34 1870~1945, 교육이론가이자 사회비평가. 미국에서 스스로를 자유의지론자libertarian라 처음으로 지칭한 인물. 잡지 〈프리맨Freeman〉과 〈더 네이션the Nation〉의 편집장을 지냈다.
35 제1차 세계대전을 지칭.

문명과 품위의 기준을 확실하게 심어줄 때에만 번성하는 듯하다.

왜냐하면 국가를 형성하는 수없이 많은 작은 공동체보다 국가 그 자체가 더 강할 순 없기 때문이다. 중앙정부, 또 일군의 선택된 관리자나 관료들이 아무리 선한 의도를 가진 잘 훈련된 사람들이라 해도 전통적 의무들과 제도들을 빼앗긴 대중에게 정의, 번영, 평온한 삶, 품위 있는 보살핌을 제공하지는 못한다. 그런 실험은 이미 고대 로마에서 또렷이 진행된 적이 있었고, 그 결과는 재앙이었다. 우리는 의무의 수행을 통해 책임, 신중함, 효율성, 자비심, 그리고 도덕성을 배웠다. 만약 다른 이들이 우리 대신 이런 의무를 끌어안거나 강제로 떠안게 된다면 우리는 스스로의 의무를 실천하지 않는다는 점에서 사회적·도덕적으로 위축된다. 또한 그런 사회적 책임을 대신 떠맡은 관료 체제는 근면하거나 고상한 상태로 오래도록 남아 있지 못한다. 그 체제를 운영하는 중간관리자나 공무원들도 결국엔 도덕적으로 위축된 사회에서 충원되기 때문이다. 다시 말해 해체되는 공동체에서 살아가는 한 공무원들도 부패와 게으름에서 벗어나지 못한다.

지역 학교 위원회에서 봉사하고, 민간 자선 단체들의 모임에 참가하며, 지역 기금으로 도로 등 공공 시설의 수리비를 부담하고, 지역적 개혁을 통해 범죄를 억제하려는 노력 등은 사실 때로 성가신 일이다. 그러나 이런 의무들이 공동체에서 중앙 기관으로 옮겨가면, 진정한 공동체의 지속은 오래지 않아 불가능해진다. 또한 문명화된 삶은 반드시 어떤 형태의 협력적 행위를 필요로 하기 때문에, 공동체가 소멸해버렸다 해서 고상한 야만 사회Noble Savage[36]의 시절로 돌아갈 순 없다. 그러므로 그럴 경우 우리는 차라리 집산주의의 시대로 밀고 나가는 우리 자신을 보게 될 가능성이 크다. 그 새로운 지배 체제는 처음엔 우호적으로 느껴질지 모르나 몇 년 지나지 않아선 효과적이지도, 또 관대하지도 않게 된다.

따라서 깨어 있는 보수주의자는 공동체, 마을, 국가, 사업 조직, 시민 사회 모임, 노조, 교회 집단, 동업자 집단, 학교와 대학, 그리고 자선 기금이 요구하는 의무를 다한다. 또한 이런 핵심 집단들의 모든 기능을 멀리 있는 다른 이가 대신 수행하게 하는 실정법을 만들겠다고 나선 후보자들에게 투표해 그들을 국회로 보내는 것으로 시민으로서의 의무를 모두 이행했다고 믿지도 않는다. 공동체는 자유, 사적 권리, 그리고 시민 사회 질서의 전반적인 구조 속에서 핵심적 위치를 차지한다. 공동체가 없는 인간은 인간보다 조금 못한, 아리스토텔레스가 말한 고독한 야수이거나 한 국가의 노예와 같은 군중에 불과하다. 보수주의자는 다른 사람에게 행해야 할 자신의

---

36 토머스 홉스의 '만인에 의한 만인의 투쟁'이란 개념과 달리 장 자크 루소는 인간은 원시 상태에서도 서로 평화롭게 공존했다고 주장했다.

의무를 경멸하는 무정부주의자가 아니다. 그리고 그는 중앙 집중화된 이상향이라는 잡동사니와 자신의 타고난 권리인 공동체를 맞바꾸자고 제안하지도 않는다.

CON SER VAT ISM

7장

공정한 정부

제퍼슨은 정부를 필요악이라 일컬었다. 그러나 미국인 대부분은 그 말이 진짜라 믿지 않았다. 일반적으로 보수주의자의 눈에 정부는 필요선이다. 정부가 공정하고 헌정 체제에 부합하며 균형 잡히고 제한된 존재인 한 그렇다. 정의, 질서, 자유는 정부의 권위와 개인의 권리가 만족스럽게 균형을 이루었을 때 가능하다. 무질서로 혼란스런 시절의 보수주의자는 공정한 정부의 권리를 지지하려 애쓴다. 사려 깊은 보수주의자라면 정치권력이 위압적으로 집중·강화되는 시절엔 국가에 맞서 개인을 옹호하는 쪽으로 돌아선다. 지금 미국에서는 후자의 경향이 작동 중이다. 따라서 미국 보수주의자는 정치적 권위를 강화하기보다는 정부 기관의 영향력을 제한하려 든다.

미국이 독립을 성취한 1776년과 연방헌법을 채택한 1787년의 상황은 서로 달랐다. 당시 미국의 느슨한 연맹체는 산산이 부서질 위험에 직면했다. 정치적 권위는 일부 모험가들이나 급진 파벌, 혹은 외국 세력의 수중에 떨어질 수도 있었다. 헨리 메인 경Sir Henry Maine [37]이 '근대의 위대한 정치적 업적'이라 일컬은 미국의 연방헌법은 이런 위험을 종식시키려는 의도에서 그 뼈대가 짜여졌다. 헌법은 지금껏 상대적으로 적게 수정됐으며 우리가 질서 있는 자유를 보존하는 데 헤아리기 힘들 만큼 많은 도움을 주었다.

공정한 정부는 창의력이 풍부한 몇 사람이 급조해낸 창조물인 경우가 거의 없다. 이런 정부는 서서히 성장해왔으며, 신의 섭리 아래에서 국가의 경험이 만들어낸 결과물이다. 그때나 지금이나 열정적인 개혁가는 이 과정을 촉진하고, 오도된 개혁가는 국가의 헌정 체제에 해를 가한다. 그러나 대개 어느 나라건 건전한 제도는 역사적 경험의 산물이고, 이는 미국의 경우도 마찬가지다. 얼핏 보기엔 필라델피아라는 제한된 공간에서 몇 개월 만에 미국 헌법이 만

---

37 1822~1888, 영국의 비교법학자이자 역사가. 사회에서 사람들의 관계는 가족이나 가까운 친족이라는 신분적 지위를 토대로 맺어지다가 구성원들의 계약 관계로 발전해간다는 이론을 주장했다.

들어진 듯하다. 그러나 미국의 연방 헌법은 최초에 등장한 주의 헌법들과 마찬가지로 150년간 현실적으로 겪은 식민 지배 경험, 그리고 그 이전 600년 이상 이어졌던 영국의 경험에 그 토대를 두었다. 게다가 고전 문명과 기독교 문명의 모든 유산 역시 우리가 갖고 있는 '공정한 헌정 체제'라는 개념의 형성에 기여했다. 도덕에 대한 유대인들의 이해, 법률에 대한 로마인들의 이해, 인간의 존엄을 바라보는 기독교적 개념 등은 모두 미국의 헌법을 만든 이들의 마음속에 있었다. 강하고 경건하며 실천적인 인물들이고 그중 상당수가 지식인이었던 공화국의 설립자들은 자신들이 미국의 진정한 헌정 체제 전체를 처음부터 끝까지 새로 만든다고는 생각지 않았다. 그들은 그저 자신들이 속해 있는 땅과 문명의 역사적 경험, 또 그 교훈을 공식적으로 표현했을 뿐이다. 그들은 새로운 국가를 창조했다는 자부심을 당연히 느끼면서도 선조들의 지혜 앞에선 겸손했다. 근대 국가 건립의 실천적 방법이 아마도 가장 정제되어 표현됐다는 《연방주의자 논집The Federalist Papers》의 글을 읽어보면 매디슨과 해밀턴, 존 제이John Jay[38]는 역사와 영국 그리고 식민 경험의 창고에서 자신들이 전개하는 주장의 근거를 끌어냈음을 알 수 있다.《헌정

---

[38] 1745~1829, 미국 건국의 아버지 중 하나로 초대 대법원장을 역임.

체제 옹호Defense of the Constitutions》에서 존 애덤스는 초기 그리스 시대에서 18세기에 이르기까지 각 정치 체제가 밟아온 과정을 평가하면서 '미국 정부는 신중한 발전의 소산이며, 수천 년에 걸친[39] 교훈으로 정당화된다'고 설명했다. '추상적인 원칙 위에 전적으로 새로운 정부를 창조해냈다'며 프랑스의 개혁가 마르키 드콩도르세 Marquis de Condorcet[40]가 미국을 찬양했을 때 애덤스는 "어리석다! 어리석어!"라고 응수했다. 공화국의 다른 건립자 대부분과 마찬가지로 존 애덤스는 진정으로 공정한 정부란 오로지 그 국민들의 도덕적이고 사회적인 경험을 통해서만 성장한다는 사실을 잘 알았기 때문이다.

영국과 미국의 정부는 우리 시대 '공정한 정부'의 가장 성공적인 예다. 영국 정부는 현재 모든 권력을 관료와 의회의 손에 몰아주는 과정에서 미묘하나 심대한 변화를 겪는 듯 보인다. 그에 반해 미국 정부는 연방의 기능이 증가했음에도 건국의 아버지들이 의도했던 특징을 눈에 두드러지게 유지하고 있다. 미국 헌정 체제의 정수는 6세대[41]에 걸친 당쟁에도 여전히 살아남았다. 미국인은 그간 잘

---

39 초기 그리스에서 미 헌법 제정기까지의 시간을 뜻함.
40 1743~1794, 프랑스의 철학자이자 수학자.
41 대략 180여 년에 해당.

작동해온 정부의 기존 형태를 주제넘게 만지작거리는 일을 대체로 자제해왔고, 인간의 하찮은 합리성이 국가의 경험보다 우월하다는 환상에 휘둘린 이념이나 카페의 철학자들[42]에 경도된 적이 없다. 칼훈, 웹스터Webster[43], 링컨, 스티븐 더글러스Stephen Douglas[44] 등 주요 정치인 대부분을 지배해온 생각은 연방의 원칙―공동의 방위를 위해 국가와 지역의 권리를 조화시킨 헌정 체제―을 지켜야 한다는 것이었다. 헌법의 해석 혹은 신중한 정책이 무엇이냐는 문제에선 다양한 의견을 펼친 그들이었으나, 미국 정부의 바탕을 이루는 일반적 개념들에 대한 애정만큼은 모두가 항상 같았다.

그러나 오늘날 우리의 삶에서 벌어지는 사회·경제·군사적 변화들, 또 지역과 개인의 자유를 통합하길 선호하는 일부 사상가들의 주장들로 말미암아 미국 헌정 체제 구조의 전반적인 기초가 도전받고 있다. 어떤 사람은 미국의 역사적 경험이 낡았다고 말한다. 하버드 대학의 루이스 하츠Louis Hartz[45] 교수는 "과거를 다시 붙잡기

---

42 빙산의 일각만 알면서 마치 모든 사실을 다 아는 듯 떠드는 어설픈 철학자를 비아냥대는 지칭.

43 1782~1852, 뉴햄프셔와 매사추세츠를 대변한 미 정치인으로 국무장관을 역임.

44 1813~1861, 미국 일리노이 출신 정치인. 1860년 대통령 선거 당시 민주당 후보였으나 공화당 후보인 에이브러럼 링컨에게 패했음.

45 1919~1986 자유주의 성향의 영향력 있는 미국 정치학자.

보다는 오히려 초월해야 한다. 사춘기를 벗어나는 아이와 마찬가지로 미국에게 돌아갈 고향이란 없다."라고 주장한다. 컬럼비아 대학의 리처드 호프슈태터Richard Hofstadter[46] 교수는 "국제적 책임, 유대cohesion, 중앙 집중화, 계획을 요구하는 집합적이고 통합된 사회에서 전통적 토대는 우리의 발밑으로 무너져 내린다."라고 말했다. 하츠나 호프슈태터 교수를 비롯한 다른 이들은 우리 사회가 그 뿌리를 내린 모든 도덕적 원칙, 철학적 가설, 기존 헌정 체제가 새로이 물갈이돼야 한다고 암시한다. 그러나 보수적 사상가는 다음과 같이 말한 코넬 대학의 클린턴 로시터Clinton Rossiter[47] 교수와 함께 그런 주장을 부인한다. "미국인들은 결과적으로 선진적인 철학자들의 충고를 받아들여 집단, 계급, 대중 여론, 파워 엘리트, 실정법, 공공 행정 등 20세기 미국의 또 달라진 현실에 조금 더 신경 쓰는 정치 이론을 수용해야 할지 모른다. 그러나 보통의 미국인들은 자신들이 때때로 철학자들보다 오히려 더 현명하다는 사실을 증명해왔다. 예언컨대 평범한 미국인들은 앞으로도 정치 공동체를 양도 불가능한 권리, 인민 주권, 동의, 입헌주의, 권력 분립, 도덕성, 그리고 제한된 정부라는 관점에서 생각해나가리라 보는 편이 안전할 것이다. 미국

---

46 1916~1970, 미국의 역사학자.
47 1917~1970, 미국의 역사학자이자 정치학자.

혁명의 정치 이론―윤리적이고 정돈된 자유의 이론―은 여전히 미국인들의 정치적 전통으로 남아 있다."

미국 정치 전통을 중시하는 사람들은 미국에서 규범적 정부의 주요한 원칙들이 무엇인지 분명하게 이해할 필요가 있다. 나는 식민지 시대에서 현재에 이르기까지 두 가지 주요 개념이 우리의 정치 구조에 뿌리를 내리고 있다고 생각한다.

1. 인간은 그들의 삶 대부분에서 스스로 결정을 내릴 권리를 타고났다는 신념이 그 하나다. 따라서 정부의 권력은 엄격하게 정의되어야 하고 그 한계 또한 분명해야 한다. 공정한 정부는 고도의 시민적 사회 질서를 가능케 만드는 사적 권리를 모든 이에게 확보해주려 한다. 그런 사적 권리를 침범하는 정부는 더 이상 공정한 정부가 아니다. 정확히 어디에서 사적 권리가 끝나고 어디서부터 공공의 이해가 시작되는지에 관한 토론은 언제나 벌어진다. 그러나 보통의 미국인들은 다음과 같이 가정해왔다. 시민이 국가의 권위, 즉 지역이나 주와 연방의 권위를 믿고 그에 복종하는 경우는 그러한 권력들이 공동체의 복지에 필요하다고 여기기 때문이다. 미국의 정치 이론에 따르면 도덕적이고 정치적인 권위는 신의 가호 아래 살아가는 인간 개개인에게 있지, 추상적 국가에 있지 않다. 따라서 사람들은 국가에게 공동 방위와 편의의 확보에 필요한 권력만을 부여했고, 그것이 어떻게 사

용되는지 주의 깊게 지켜봐왔다.

2. 다른 하나는 미 공화국이 오레스티스 브라운슨이 일컬은 "영토적 민주주의"의 국가, 즉 정부의 권력이 주로 지역이나 주에 주어진 특징을 갖는 나라여야 한다는 신념이다. 연방정부는 단지 그 권력을 위임받을 뿐이다. 이는 제한되고 "불순물이 제거된 filtered" 민주주의이며, 장 자크 루소 Jean Jacques Rousseau나 프랑스 혁명가들이 꿈꾸었던 제한되지 않은—'누구나 출발이 같다'고 여기는—민주주의와는 아주 멀리 떨어져 있는 세계다. 우리는 사람들의 공통 관심사가 대부분 지역적 차원에서 검토되어야 하고, 개인적 소통이 가능할 만큼 소규모로 모인 자유 시민의 자유 의지를 바탕으로 공공의 결정이 이뤄져야 한다고 믿어왔다는 의미에서만 민주주의자였다. 중앙 집중화된 민주주의, 헌정 체제상 아무 제한이 없는 민주주의가 공정하고 자유로운 정치 체제라는 이론을 우리가 받아들였던 적은 없다. 그동안 미국의 정부는 잘 작동해왔다. 시민들로 구성된 소규모 집단들 덕에 정책 선택이 지역적으로 이루어졌고, 그들이 선출한 대의원들이 그 선택의 전국적인 실천을 도모하는 과정에서 그 정책들이 잘 조화·조정됐기 때문이다. 정교한 견제와 균형이라는 체제 덕분에 미국 정부는 공정하고 자유로운 정부였다. 이 체제는 참을성 없는 다수나 이기적인 소수가 그들의 의지를 국가 전체에 강제하지 못하도록 대체적으로 막아왔다. 국가의 수도나 행정부에 권력이 집중되지 않게끔

우리가 의도적으로 억제해왔지만, 대통령이나 의회가 적절히 처리하지 못한 거대한 무게의 책임들은 서서히 워싱턴에 집중됐다. 그럼에도 정치적 중심을 징익한[48] 어느 개인이나 작은 집단이 지역 공동체나 개인들의 관심사를 모두에게 이롭게끔 관리할 수 있다는 환상을 미국인은 결코 품어본 적이 없다.

천부 인권을 소중히 여기고, 중앙정부가 아닌 연방정부와 대의원들을 중시하는 정치적 원칙들 때문에 미국은 세계 전역에서 정의, 질서, 자유의 모범적인 친구로 여겨졌다. 나는 이런 정교한 구조물의 기초를 함부로 훼손하는 행위가 위험하다고 생각한다. 국가는 나무와 같아서, 가지야 쳐내도 되지만 뿌리에 도끼질을 해서는 안 된다.

우리의 정치 전통을 넘어서야 한다고 주장하는 사람들은 과연 이미 성공적인 정부를 수립한 가설과 제도들을 급격히 수정했을 때 발생할 결과를 제대로 이해하고는 있는지 의심스럽다. 기독교 신앙 그리고 영국과 미국 역사의 시민 사회적 경험에서 유추된 우리의 복잡한 전통과 헌정 체제를 '초월하려는' 과정에서, 그들은 오래

---

48 '중앙 집중화된 정부 형태에서'의 의미임.

잖아 어떤 대안적 전통과 헌정 체제를 수립하고 인정해야 할 필요성에 직면하고 만다. 그럼에도 이 급진적 개혁가들은 일군의 그러한 대안적 전통과 헌정 체제를 제시조차 하지 못한다. 그들 대부분은 이제 마르크시즘을 부인하고, 어느 정도는 옛날식 합리주의와 실증주의의 결함을 인지한다. 또한 사회주의에는 약간 당혹감을 느끼고, 교조적 자유주의의 결점을 고백하기 시작했다. 그러나 그들은 우리의 규범적이고 영토적 민주주의에 반감을 드러낸다. 더불어 그들은 '계획'이나 '중앙 집권화' '획일성'을 이야기하면서, 민주적 사회주의라는 모호한 영감에 지배받는 중앙 집권화 추진자나 계획가들로 구성된 일종의 엘리트 집단을 창조하고 싶다는 속내를 드러낸다.

그러나 인간은 민주적 사회주의라는 관념들을 신뢰하지 않는다. 조국의 역사적 경험을 존중하는 사람은 자신이 모르는 악마보다는 잘 아는 악마를 선호한다. 그는 또 이름도 생소한 견해나 법에 기초한 새로운 지배 체제를 도입하겠다며 그동안 잘 작동해온 제도와 신념 체계를 확 쓸어버리겠다는 생각도 하지 않는다. 미국의 정치 체제는 미국인들에게 매우—아마도 영국을 제외하면 세계 어느 나라보다도—높은 수준의 정의와 질서 그리고 자유를 보존해주었다. 하나의 정부는 그것이 낳은 결실에 따라 판단된다. 우리의 정치 체제는 그동안 눈부신 성과를 거두었다. 그리고 오래된 헌정 체제에 새로운 생명력을 부여하려는 신중한 사회개혁가라면 그런 정치적 전통에 부응하는 수정을 도모하리라고 나는 생각한다. 그게 아니라면 장기판 위의 모든 말들을 한 번에 휩쓸어버리는 무모함만이 유일한 대안으로 남는다. 그러나 그 말들이 다 쓰러신 뒤 또 다시 같은 게임을 하기 어렵듯, 같은 나라를 다시 개혁할 기회를 갖기란 힘든 일이다. 어쩌면 문명인을 다시 상대할 기회조차 없을지 모른다.

CON
SER
VAT
ISM

8장

사유 재산

'인권'과 '재산권'이 서로 충돌한다는 거짓말이야말로 우리 시대에 가장 해악을 끼친 얍삽한 정치 구호였다. 미국에서는 프랭클린 루스벨트Franklin Roosevelt[49]가 유행시킨 개념이다. 우리가 이야기하는 모든 권리는 인간의 권리다. 법 혹은 윤리적 이론 관점에서의 권리는 동물, 식물, 무생물이 아닌 인간에게만 있다. 그렇기에 인간이 아닌 재산 그 자체는 어떤 권리나 특권도 누릴 수 없다. 우리가 '재산권'이란 단어로 의미하는 바는 재산을 소유하고 획득하는 인

---

49 1882~1945, 미국의 32대 대통령. 그가 도입한 대공황기의 뉴딜 정책을 보수주의자는 집산주의적이라 비판했음.

간의 권리다. 재산권은 인간의 권리고, 인권 중에서 가장 중요하다. 재산권과 인권 사이에 대립은 전혀 없다. 이 둘 사이에 갈등이 일어난다면 재산을 소유·획득하는 인간의 권리가 어떤 다른 진정한, 혹은 유사 인권과 갈등을 빚는다는 얘기일 뿐이다.

영국과 미국 정치의 원칙은 사유 재산을 획득하고 소유하는 권리와 관련된 분야에서 가장 잘 수립돼 있다. 대의제 정부는 '재산에 세금이 부과될 경우 정치권력에게 의견을 제시할 권리가 있다'는 재산 소유자들의 주장에서 비롯됐다. 이것이 유럽 전역에서 대중적 대의제popular representation가 출발한 시원始原이다. 영국 하원이야말로 그러한 권리의 발전에 따른 가장 최선의 사례다. 독립전쟁 전날 밤, 미국 애국자들Patriots[50]의 주요한 주장은 '대표자도 보내지 못하는 우리의 재산에 세금을 부과하지 말라'는 것이었다. 영국과 마찬가지로 미국의 거의 모든 이들은 인간에게 세 가지 기본권, 즉 생명권과 자유권, 재산권이 있다는 데 동의한다. 이 세 가지 기본권은 동등하고 서로 연결돼 있다고 이해된다. 재산권이 확보되지 않으면 자유권, 심지어 생명권도 보장되지 않기 때문이다. 독립선언서 최초의 초안에서는 '인류가 생명권, 자유권, 재산권을 타고났다'고 선언

---

50 미국 독립전쟁을 이끈 주축. 왕당파에 맞서 독립을 주장했음.

되었으나 제퍼슨의 수정안에서는 '재산권'이 '행복추구권'으로 대체되었다. 재산을 보유한다는 규범적 권리를 부정하기보다는 오히려 그 의미를 확장하려는 취지에서였다.

재산권은 이처럼 옛날부터 인권의 핵심이었다. 문명적인 삶은 재산권이 확보될 때에만 가능하다. 소유물을 지키거나 최대한 늘려갈 권리가 없다면 여가leisure나 물질적 개선, 이름을 붙일 만한 문화도 있을 수 없다. 무정부적 혼란이라는 조건에서, 강력하고 무자비한 약탈자가 모든 사람의 재산을 마음대로 좌우해버리는 상태에서의 인간은 그저 아벨을 죽인 카인이, 서로가 서로의 적이 될 뿐이다. 무정부의 혼란 상태에서도 벌거벗은 삶, 심지어 거친 형태의 자유는 잠시 누릴지 모르겠으나, 그것도 인간이 야만의 상태에서 사는 동안에나 가능하다. 가장 하찮은 개인 소유물 이상으로 확보되는 재산권은 어떤 형태의 정치 질서가 인간의 소유를 보장해줄 때만 존재한다. 야만인들조차 이런저런 기초적 형태의 재산권은 인정한다. 거의 모든 정치 이론이 거의 모든 시대에 동의하는 아주 드문 관점 중 하나는 재산권을 보호하려고 정부가 창조됐다는 시각이다. 토머스 홉스Thomas Hobbes, 존 로크John Locke, 루소, 존 애덤스 모두가 이에 동의한다.

"재산은 도둑질한 물건"이라고 무정부주의자 피에르 조제프 프루동Pierre Joseph Proudhon[51]은 말했다. 그러나 사회를 진지하게 연구하는 사람은 이에 동의하기 힘들고, 따라서 20세기의 급진주의자 그 누구도 재산 그 자체가 해악이라고 주장하는 경우는 거의 없다. 그들의 목적은 개인의 재산 소유권을 차라리 국가나 집산주의적 소유권으로 전환하는 데 있다. 재산이 존재하지 않으면 문명화된 삶도 존재할 수 없다. 재산이 존재한다면 누군가 반드시 그것을 소유, 통제, 보호하고 늘려야 한다. 급진주의자는 어떤 집단적 주체—근대에서의 이런 주체는 대개 중앙집중화된 정치권력이다—가 재산을 소유, 통제, 보호하며 증가시켜야 한다 말하고, 보수주의자는 일반인이나 민간 자선단체들이 그 일을 해야 한다고 말한다.

사회가 처음 존재하기 시작했을 무렵 대부분의 재산은 개인이 아닌 공동체, 다시 말해 작은 마을이나 부족, 혹은 친족들이 통제했다. 세상 어딘가에는 아직도 예부터 내려온 집산주의적 소유 제도가 남아 있고, 그런 곳에서 보수주의자는 그 제도를 성급히 훼손하려 들지 않는다. 그들의 관습이나 관례를 대체할 적절한 수단을 제공하지 않은 채 소박한 사람들의 오래된 방식을 깨버리려 하진 않는다. 그러나 우리 서구, 그리고 대부분의 문명화된 사회에서는 일

---

51 1809~1865, 프랑스의 정치인이자 상호부조론 철학의 창시자. 스스로 무정부주의자라고 선언한 최초의 인물로 '무정부주의의 아버지'라 불리기도 함.

반적으로 사적 소유 방식이 집산주의적 소유 방식을 대체했다. 그 사회가 문화적·물질적으로 발달된 정도, 그리고 구성원들이 진정으로 더 문명화된 정도에 비례해서 말이다.

사유 재산은 교양 있는 사람들을 괴롭힌 악이 아니라 오히려 커다란 선이었다. 헨리 메인 경은 자신의 저서 《마을 공동체Village Communities》에서 이렇게 말했다. "타인의 재산을 공격하면서 동시에 문명을 중시한다고 말할 자유는 누구에게도 없다. 그 둘의 역사는 밀접하게 연결되어 있다." 왜냐하면 사유 재산이라는 제도는 인간에게 책임을 가르치는 가장 강력한 도구로 활용돼왔기 때문이다. 이 제도는 인간에게 성실하게 살아갈 동기를 부여했고, 단조롭고 힘든 일 이상을 하도록 인간을 고양했으며, 종교와 문화를 지원하는 도구가 되어주었고, 인간에게 생각할 여가는 물론 절제와 신중함을 바탕으로 행동할 자유를 주었다. 자신의 노동에 따른 열매를 지키고, 한 사람의 업적이 영원히 남도록 만들어주며, 자신의 재산을 후대에 전해주고, 처절한 가난이라는 자연적 조건에서 지속적 성취라는 안전으로 도약하도록 해주며, 진정으로 자신의 소유인 무엇을 갖게 된다는 이런 이점들 때문에 인간은 공동 소유라는 원시적 제도를 포기하고 사적 소유라는 문명화된 제도를 택하게 되었다. 사유 재산이 존재한다면 곧 어떤 부류의 사람들이 다른 이들보다 더 부유하다는 의미다. 맞는 말이다. 그러나 사유 재산이 없다면 우리 중 누구도 부자가 되지 못하고, 모두가 함께 가난해야 한다. 공동체가 모든 재산을 소유한다는 건 재산이 거의 없거나 진보가 적은 가난한 사회들의 특징이었다. 폴 엘머 모어Paul Elmer More[52]는 다음과 같이 썼다. "문명 자체가 어마어마한 실수였다고 (…) 우리의 물질적 진보가 모두 엄청난 실수였다고 기꺼이 선언할 생각이 없다면, 우리는 슬프든 즐겁든 인정해야만 한다. 불평등을 무시하려는 정부나 제도의 시도들은 굴러가는 진보의 바퀴를 멈추거나 세계를 일시적인 야만 상태로 되돌릴 뿐, 보다 광범위하거나 위대한 행복을 결코 만들어내진 못한다는 사실을 말이다."

사유 재산 제도는 불평등에 깊이 뿌리를 내리고 있다. 인간은 도덕적으로는 평등하지만 다른 모든 관점에서는 불평등하다. 사유 재산제를 파괴해 인간을 평등하게 만들려는 시도는 약자나 여러 능력이 다소 떨어지는 사람들을 돕기보다는 오히려 강자나 활동적인 사람들의 손발만 묶고 만다.

제대로 이해되고 활용된 사유 재산제는 사회의 기괴한 물질주의를 발생시키는 원인이 되지 않는다. 이 둘의 관계는 오히려 정확히 그 반대다. 아주 미미한 예외를 제외하고 사유 재산제가 철폐된

---

52 1864~1937, 미국의 언론인, 비평가이자 수필가, 기독교 호교론자.

근대 국가인 소련은 지금까지 존재했던 어떤 사회보다 가장 철저하게 물질주의적이고 이를 자랑스럽게 여긴다. 고대나 근대에서 영적·지적 성취가 두드러졌던 문명들은 사유 재산을 강하게 보호했다는 특징이 있었다. 폴 엘머 모어—그는 미국인 중 가장 문명적으로 깨인 인물이며 엄격한 도덕가이자 기독교 사상가다—는 이렇게 말했다. "취득한 재산에 있었던 기존의 지배적 권리가 법률의 변경으로 재산을 생산한 노동으로 이전된다는, 그런 살인적인 물질주의의 광란과 침침한 불안의 장막이 사회에 엄습하리란 생각만으로도 사람들은 몸서리친다." 그의 이야기는 계속 이어진다. "**확보된 재산은 목적을 위한 수단이 될 뿐이지만, 확보되지 않은 재산은 그 자체가 목적이 되기 때문이다.**" 모어와 함께 사려 깊은 보수주의자는 재산 그 자체가 아니라, 사유 재산제가 배양하는 문화와 고매한 시민적 사회 질서 때문에 재산을 소중하게 생각한다. 빅토리아 시대의 영국만큼 사유 재산이 확실히 보장됐던 적은 없다. 설사 그 사회의 약점이 무엇이었든 빅토리아 시대는 도덕적·지적·물질적 성취가 역사상 가장 높은 시기였다. 소련처럼 사유 재산이 보장되지 않는 나라는 거의 없고, 오늘날 제정신을 가진 이들 중 공산주의를 옹호하려는 사람 역시 거의 전무하다. 문화의 기초인 여가는 사유 재산을 인정하는 사회에서 번성하지만, 소련처럼 물질주의에 바쳐진 사회에서는 부정된다. 공산주의자들은 사유 재산에 주어진 모든 권리와 의무를 함께 파괴하고, 그 대신 '자본주의적'—즉, 개인적으로 재산을 소유하는— 경제 때문에 발생한다는 부의 사랑the love of wealth보다 훨씬 더 강력해진 물질주의를 추구하게 만든다.

근대 집산주의자들이 폈던 주요 주장 중 하나는 인류가 사유 재산제를 철폐하면 압제와 불평등, 불의가 사라진다는 것이었다. 이런 개혁이 경제적 불평등과 사유 재산에서 자라나는 죄를 없애준다면서 말이다. 그러나 권력을 잡은 뒤 그들은 어느 사회도 재산 없이는 존재할 수 없으며 자유 사회와 마찬가지로 집산주의 사회에서도 특별한 사람들이 재산을 지배하고 그 분배를 결정해야 한다는 불편한 사실에 직면했다.

자유 사회에서 재산은 다수의 개인이 통제한다. 그러나 그들 중 누구도 다수 대중에게 자신의 의지를 강요할 만큼 강력하진 않다. 재산을 소유한 자들 중 어떤 사람들은 정력적이며 자수성가한 이들이고, 어떤 사람들은 물려받은 재산을 관리하는 이들이며, 또 어떤 사람들은 집이나 작은 사업체 혹은 약간의 주식을 보유한 겸손하고 이름 없는 이들이다. 이런 다양성이 한 사회를 흥미롭게 만들며 모두에게 혜택이 돌아가는 경쟁을 가능하게 하고, 야비한 과두지배자들의 집단이 다수 대중을 강제하지 못하도록 만든다. 한편 집산주의적 사회에서 재산은 부자들 개개인보다 대개는 더 힘이 있으나 훨씬 더 사려 깊지 못한 적은 수의 관리자들 혹은 인민위원들

commissars이 통제한다. 사유 재산은 여전히 존재하나 다만 그것을 통제하는 손만 바뀌었을 뿐이다. 집산주의적인 재산 관리는 과거의 사유 재산제보다 유연하지 않을 뿐 아니라 오히려 훨씬 더 불평등하다. 간단히 말해 사유 재산제는 자유를 누리려면 반드시 필요한 요소다. 인간은 먹어야 한다. 그런데 어느 유일한 주인에게만 그 먹이를 의존해야 한다면 인간은 그저 노예일 뿐이다. 집산주의적으로 재산이 관리되는 체제하에서 국가는 바로 재산의 유일한 주인이고, 반대자를 용납하지 않는다. 평등이란 이름으로 집산주의자는 무능한 개인일 수많은 사람들이 새로운 엘리트 관리층의 의지와 변덕에 복종하게 만드는 정치·경제적 질서를 수립한다. 사유 재산이 건강한 조건에서 살아남는 한 이 집산주의적 지배는 성립되지 않는다. 그러나 사유 재산제가 철폐되면 폭정에 최소한으로 저항하는 일조차 거의 불가능해진다. 인간에게 사유 재산제는 어느 정도 그 자체가 목적이 되기도 한다. 그러나 그것은 문명으로, 또 자유로 가는 수단이기도 하다.

이제 재산권이라는 긍정적 권리를 주장하는 일에 망설이지 않는 보수주의자라면 재산의 책임을 인정하는 데도 꾸물대지 말아야 한다. 존 러스킨John Ruskin[53]과 함께 보수주의자들은 선언한다. "가난한 자는 부자의 재산에 대한 어떤 권리도 없다고 오랫동안 선언되고 알려졌다. 나는 부자들 역시 가난한 자의 재산에 대해 어떤 권리도 가지지 못한다고 알려지고 선언되기를 바란다." 보수주의자는 개인의 양심, 법원, 정부가 모든 사람과 계급의 권리를 보호하기 위해 언제나 눈을 부릅떠야 한다고 믿는다. 보수주의자는 부 그 자체가 아니라 크건 작건 재산권을 존중한다. 대개 사람들이 보유하는 재산은 규모가 작은데, 이런 작은 소유가 없다면 큰 소유까지도 위태로워진다. 보수주의자는 경제 통합, 독점, 그 밖에 어떤 다른 이름으로 부르든 '사적 집산주의'를 경계한다. 부자가 권리를 가지는 이유는 그들이 부자라서가 아니라 인간이라서다. 그리고 그들의 부를 보호하는 과정에서 우리는 모든 이들의 작은 부를 보호하게 된다.

또한 재산에는 의무가 따른다. 기독교적 관점에서 보면 재산은 특정한 사람들에게 주어졌다. 그것을 바람직하게 사용함으로써 신을 섬기고 다른 이들에게 선을 행하게 하기 위해서였다. 재산을 소유한 사람들은 자선이라는 도덕적 의무, 신중하고 또 검소해야 할 도덕적 의무가 있다. 재산의 소유는 언제나 자만, 주제넘음, 무관심, 나태함의 경향을 자연스레 낳는다. 그러므로 모든 세대에 걸쳐 부의 소유자들은 자신들의 재산을 관대하고 따뜻한 마음으로 사용

---

53 1819~1900, 빅토리아 시대 영국의 문화예술 비평가, 사회 사상가이자 자선사업가. 정치·
    경제·건축·교육·식물학 등 광범위한 분야에 걸쳐 저술 활동을 했음.

해야 하는 의무를 상기할 필요가 있다. 국가는 때때로 탐욕스런 빈자를 억누를 필요가 있듯이 오만한 부자를 저지하는 조치도 취해야 할 필요가 있다. 재산의 형성엔 개인의 노력뿐 아니라 신의 섭리도 작용한다. 국가는 재산을 만들어내는 존재가 아니라 그것을 보호하도록 지명된 존재다. 국가가 이 보호자의 역할을 방기하고 본래 의도되지 않은 역할—즉, 재산의 주인 또는 배분자의 역할—을 하려 할 때, 보수주의자는 정치권력을 적절한 한계 안에 가두려 노력한다. 국가는 엄청난 비상사태의 시기에나 이미 수립된 재산권에 개입할 자격이 있다. 정치권력이 아닌 개인적 양심과 공중의 여론에 호소함으로써, 보수주의자는 재산 소유자들에게 그들의 타고난 권리와 함께 타고난 의무를 환기시키려 노력한다.

CON
SER
VAT
ISM

9장

권력

"권력은 부패하기 마련이다. 절대권력은 절대적으로 부패한다."
액튼 경Lord Acton[54]의 이 말보다 더 널리 인용되는 정치 경구는 없
다. 그러나 정치권력이나 경제권력 등 모든 권력의 집중을 견제하는
장벽은 오늘날 거의 전 세계에서 실질적 저항도 받지 않은 채 실제
적으로 꾸준히 감소해왔다. 질서와 정의 그리고 자유를 보존하려
애쓰는 보수주의자는 액튼 경의 진술에 담긴 진실을 환기시키고,
노예제 사회가 아닌 자유로운 사회가 유지되도록 자의적 권력을 끊

---

54 1834~1902, 영국의 가톨릭 역사가. 정치인과 문필가로도 활약했음.

임없이 견제하려 최선을 다한다.

미국의 독립전쟁은 각 식민지에 오래전부터 주어진 권력을 영국 의회가 찬탈해가지 못하게끔 식민지 거주자들이 저항한 결과였다. 정치학 이론에 기여한 미국인들의 주요 논문들이 집대성된《연방주의자 논집》에는 권력을 반드시 견제하고, 제한하며, 유보하고, 균형을 이뤄 유지해야 한다는 확신이 곳곳에 스며있다. 연방헌법은 본질적으로 정치권력—연방정부 권력과 주정부의 권력, 정치권력과 일반 시민의 힘, 입법부와 행정부, 그리고 사법부의 권력—을 견제하고 상호 균형을 맞추려는 도구다. 존 애덤스나 제임스 매디슨 등 미국 정치가들이 밝힌 권력이라는 문제의 실천적 이해는 오늘날까지도 우리의 제도들에 분명히 남아 있다.

정치적으로 말해 권력은 동료 시민이나 이웃의 의지와 무관하게 내가 원하는 대로 할 수 있는 능력을 뜻한다. 개인이나 소수의 집단이 어떠한 견제도 없이 시민 의지를 지배하는 국가의 정치는 '군주정체' '귀족정체' '민주정체' 등 그 무엇으로 불리건 전제정치에 속한다. 모든 이가 자신에게 권력이 있다고 주장하는 사회는 무정부 상태의 혼란에 빠지고, 이런 혼란은 결코 오래가지 않는다. 모든 사람이 이 혼란을 견뎌내긴 힘들 뿐 아니라, 누군가는 그들의 이웃보다 더 강하고 더 영리하다는 사실을 피해가지 못하기 때문이다. 때문에 이런 혼란의 끝에는 대단히 적은 수에게 권력이 독점되는 과두제나 폭정이 등장한다. 보수주의자는 무정부 상태의 혼란이나 폭정이 발생하지 못하도록 정치권력을 제한하고 그 균형을 잡으려 노력한다. 그러나 어느 시대에든 인간들은 일시적이나마 아주 멋진 혜택을 누리고자 정치권력에 대한 제한을 무시하고 싶어 한다. 권력을 손에 넣은 급진주의자들은 권력이 곧 선을 행하는 물리력이라고 여기는 특성이 있다. 프랑스와 러시아의 혁명가들은 권력에 가해졌던 오래된 제약을 자유의 이름으로 철폐했지만 권력 자체를 철폐하지는 못했다. 권력은 언제나 누군가의 통제를 받기 마련이다. 18세기 말의 프랑스, 그리고 20세기 초의 러시아에서 혁명가들은 구체제가 압제적 권력을 휘둘렀다고 생각했다. 그러나 그 두 나라의 혁명가들은 이전의 군주제가 감히 훼손하려는 시도조차 하지 않았던 권력 견제 장치를 없애버렸고, 새 주인인 급진파들의 손아귀에 들어간 권력은 몇 배나 더 폭압적으로 변해버렸다.

권력욕은 거의 모든 사람에게 어느 정도 있고, 어떤 이들에겐 지나치게 웃자란 욕망이 되어버린다. 권력욕은 그 어떤 열정보다 더 강력하다. 마르크시즘은 사회에서 경제적 동기의 중요성을 과장해버리는 잘못을 저질렀다. 대부분의 인간은 물질적 소유를 진심으로 갈망하지만, 많은 사람들은 부보다 권력을 더 희구한다. 이렇듯 부를 획득하려는 주된 이유 중 하나는 부가 종종 권력을 의미하기 때문이다. 보수주의자는 인간의 본성에 선악이 뒤섞여 있고, 그래서 때로는 대단히 고매한 일도 해내지만 한편으론 늘 결점이 있는 존재라고 본다. 때문에 그는 권력을 추구하는 인간의 갈증이 결코 해소되지 않으리라는 사실을 잘 안다. 아무리 경제적으로 번영하고 또 거의 평등을 이루었다 할지라도 인간은 언제나 권력을 추구한다. 그러한 불편한 사실을 수용하는 보수주의자는 윤리적 가르침과 훌륭한 법으로 이러한 권력욕을 제한하려 든다.

재산은 모든 악의 뿌리이므로 사유 재산제가 철폐되면 인류는 행복해진다고 어떤 급진적 개혁가들은 강변했다. 특권이야말로 인간에게 저질러지는 모든 잔학 행위의 근원이니, 사회적 특권이 철폐되면 인류는 시기猜忌와 부당한 야망에서 해방된다고 선언한 급진적 개혁가들도 있다. 이런 개념들은 지난 150년간의 자유주의적 시대를 지배했고, 그렇게 생각하는 이들은 여전히 우리에게 영향력을 행사한다. 그러나 그 신념들은 틀렸다. 파렴치한들이 재산을 획득하려 했던 이유는 대개 그것이 제공하는 권력 때문이지 재산 그 자체 때문이 아니었다. 그들이 특권을 추구했던 더 큰 이유는 단순한 화려함이나 허식이 아닌, 오히려 그 안에 숨어 있는 권력 때문이었다. 만약 서구 문명의 특징이었던 재산과 특권, 그리고 근면 성실해야 할 과거의 모든 동기와 이유들이 내일 당장 없어진다 해도 인간들 사이에선 여전히 격렬한 대립이 계속될 것이다. 아니, 오히려 더 격렬해질 가능성이 있다. 재산과 특권이 사라진 상태에서 권력만이 인간의 야망을 충족시킬 유일한 수단이 되어버리면 사람들은 그것을 더욱 격렬하고 무자비하게 추구할 테니 말이다. 그리고 반복해서 말하지만, 권력 자체를 없애는 데 성공한 이는 지금껏 아무도 없었다. 열정과 마찬가지로 권력은 사라지지 않는다. 단순히 그 형태만 바꿀 뿐이다.

그 끔찍한 소설 《1984》에서 조지 오웰은 우리보다 한 세대 떨어진 이후를[55] 묘사하며, 더 강하고 더 능력 있는 이들을 만족시킬 유일한 방법은 권력의 소유임을 묘사했다. 종교는 사라졌다. 옛 의미에서의 특권도 마찬가지다. 사유 재산이 사라졌고, 인문 교양이 사라졌다. 가족의 삶은 물론 예술·철학·소박한 만족 역시 모두 자취를 감췄다. 그러나 권력을 추구하는 욕망만큼은 성공에 대한 유일한, 그리고 지독한 동기로 남아 있다. 다른 이들의 얼굴을 영원히 짓밟을 수 있다는 느낌은 이런 사회에서 여전히 쾌락을 주는 단 하나의 감각이기 때문이다. 그 감각을 너무나 철저하게 즐긴 나머지 이 사회의 주인들은 그것이 앞서 사라진 모든 것을 충분히 보상해주고도 남는다고 여긴다.

이는 악마적 충동의 승리이자 자만심pride에 무릎을 꿇은 모습

---

55 이 책이 처음 출간된 때가 1957년이었으니 대략 30년 후를 지칭한다.

이다. 또한 기독교적 가르침이 언제나 억누르려 애써왔던, 동료 인간을 지배하려는 의지가 제멋대로 풀려버린 모습이기도 하다. 오웰의 묘사가 터무니없지만은 않다. 이런 매우 불쾌한 체제의 구현은 지난 40년간[56] 세계의 상당 지역에서 목도되어왔다. 사회주의자인 어느 영국 하원 의원은 폴란드를 방문하고 돌아와 최근 선언했다. 사회주의 체제의 지배를 받는 폴란드에서 오웰의 환상이 문자 그대로 실현된 사실을 목격했다고 말이다. 권력에 대한 오랜 견제는 성실한 삶을 살아가야 한다는 과거의 모든 동기와 함께 전부 제거됐다. 그 결과, 18세기의 가장 독재적인 정부조차 그 옆에서는 부드럽고 자유주의적으로 보일 만한 사회가 탄생했다.[57] 공산주의자들이 외쳤던 모든 인도주의적 구호들은 벌거벗은 권력의 저울에서 아무런 무게도 갖지 못했다.

미국인들처럼 오랫동안 습관적이고 거의 무의식적으로 권력의 견제와 균형에 익숙해진—그래서 그것들이 존재한다는 사실조차 거의 잊고 지내는—사람들은 권력과 관련된 소름끼치는 문제를 경시하는 경향이 있다. 교조적 자유주의자들은 인간이 물려받은 모든 재앙을 선한 의지, 경제 개혁, 자유주의적 구호들이 극복하게 해

---

56 소비에트 러시아 혁명이 발생한 1917년 이후를 지칭.
57 1950년대 당시 공산권 국가에 그런 사회가 탄생했다는 의미.

준다고 주장한다. 국가적 관습과 건전한 헌정 체제 덕에 일부 광신자들의 권력 추구에 따르는 보다 극단적인 위험으로부터 보호받는 많은 미국인들은 그런 주장을 별다른 질문 없이 수용한다. 그렇기 때문에 예를 들어 미국의 외교 정책은 그저 경제적 관대함으로 퇴보하는 경향을 띤다. '저개발국들'에겐 끊임없이 물질적 지원을 하거나, 아시아와 아프리카의 지도자들에겐 기술적 지원과 함께 '당신들이 미국의 생활수준에 도달하려고 사력을 다한다면 국내의 무질서나 국가 간의 적대감은 사라지고 좋은 사회가 만들어질 것'이라는 선의의 충고나 하는 방식으로 말이다.

다른 나라에 제공한 물질적 지원이 상당한 효과를 거둔 예가 없지는 않다. 그러나 단순한 경제 개혁 그 자체로 각국에 평화를 가져다준다는 견해는 권력이라는 오래된 문제 전반을 무시한 것이다. 그리고 그 문제는 조만간 더 이상 간과하기 어려울 지경에 이를지 모른다. 경제적 이득은 대개 국가 혹은 정치가들의 주요한 욕구가 아니기 때문이다. 명성prestige, 영광, 특히 권력은 그들의 가장 강력한 동기다. 어느 정도 번영한 국가들조차도 상당한 정도의 권력만 쥘 수 있다면 적지 않은 번영을 기꺼이 희생하려 든다. 그래서 히틀러는 독일인들에게 버터 대신 총을 들자고 권하는 데 성공했었다. 반면 빈곤 속으로 깊이 추락한 국가들도 물질적 조건을 항구적이고 의미 있게 개선할 가능성이 요원해지면 그 피곤한 투쟁을 기꺼

이 포기하고 자극적인 권력 추구로만 나아간다.[58]

　이 점에서 소련은 미국보다 똑똑했다. 비록 공산주의자들은 변증법적 유물론과 물질적 풍요를 대중에게 공표했지만 현실에서 소련의 지도자들은 언제나 권력의 무자비한 게임에 몰두해왔다. 그들의 욕망은 보편적 번영이 아닌 지배였고, 그들은 인간을 통제하려는 이 오래된 욕구를 어떻게 이용해야 할지 알고 있었다. 미국은 러시아보다 열 배나 더 많은 경제 지원을 '저개발 국가들'에게 약속하고, 실제로는 러시아보다 100배나 더 지킨다. 그러나 아시아와 아프리카에서 벌어진, 공산주의의 음모에 맞서 싸우는 경쟁에서 미국은 눈에 띌 만한 성공을 거두지 못했다. 러시아인들은 권력 게임을 했고 미국은 순박하게 러시아 사람들이 가르치는 물질주의를 실천했기 때문이다. 저개발국의 정력적인 이들은 부를 향한 욕구보다 권력을 향한 욕구가 더 강했다. 그리고 소련은 미국인들이 간과한 인간 본성의 심금을 울렸다.

　그러나 반성하는 보수주의자는 미국이 소련의 성공적인 음모를 흉내 내면서 똑같은 행동을 해야 한다고 권하지 않는다. 권력욕의 파렴치한 진작이 국익을 도모하는 정당한 전술이라고 믿지 않기

---

58 아시아, 아프리카나 중남미의 사회주의 저개발 독재국가들을 지칭.

때문이다. 그러나 그는 인간이 아주 오래전부터 가져온 성향을 외교와 국내 정책이 고려해야만 한다는 사실을 깨닫는다. 인간은 명성, 영예, 권력을 갈구한다는 점을 충분히 수용하고 그러한 갈망을 정의, 질서, 자유의 길로 인도하려 노력해야 한다. 적절히 보호·견제·활용되는 권력은 모든 개선을 이뤄내는 수단이다. 권력이 활용되는 동기와 그것의 남용을 견제하는 제도에 달려 있을 뿐, 권력 그 자체는 도덕적이거나 비도덕적이지 않다. 오직 물질적 욕구만 가졌으리라 상정하며 다른 국가들을 대하는 태도는 그들을 대단히 모욕하는 행위다. 미국의 지원을 받는 시기와 상황이라 해도 그들은 미국의 주제넘음에 앙심을 품게 되고, 미국의 지원을 활용해 자신들만의 권력 게임이나 벌일지 모른다. 정당하게 견제되고 균형 잡힌 권력은 존중과 칭찬을 받지만, 파렴치하고 고삐 풀린 권력은 두려움을 낳거나 부러움을 산다. 그러나 방치된 권력은 경멸만 받을 뿐이다. 보수주의자들은 이런 성찰들이 미국의 외교 정책에 영향을 미쳐야 한다고 믿는다.

미국의 외교 정책은 권력의 속성을 진정으로 이해하는 사람들이 통제해야 한다. 인간은 선한 존재로 태어나지 않는다. 더 정확히 말하자면 인간의 본성에는 선과 악이 복잡하게 얽혀 있다. 선이 지배적인 경우는 대개 경쟁, 습관, 공정한 법률의 준수라는 미덕이 지켜질 때다. 설사 아무리 인도주의적인 이유 때문이라 해도, 만약 과거의 품위와 관습이나 법률들이 한꺼번에 사라진다면 선이 악을 아슬아슬하게 누르며 유지해오던 선과 악의 균형은 뒤집어질지도 모른다. 더불어 권력을 향한 오래된 욕망도 고삐가 풀려 과거의 타락을 다시금 재현하게 된다. 헌정 체제의 제약, 각 주의 권리들, 지역별 자치 정부, 행정 권력의 견제, 엄격한 법 해석 등 권력의 견제와 균형을 위한 이 모든 도구들은 종종 짜증스러울 정도로 시대에 뒤떨어져 보인다. 특히나 요즘처럼 급속도로 빠른 경제 성장의 시기엔 더욱 그렇다. 그래서 교조적 자유주의자들은 개혁을 가로막는 그 장벽을 모두 휩쓸어버리고 싶다는 충동을 느낀다.

그러나 짜증스러울 정도로 시대에 뒤떨어지기로는 인간의 본성 또한 매한가지다. 지난 300년간 우리에게 질서, 정의, 자유를 부여해온 관례와 헌법 조항들 모두가 무시된다면 모든 종류의 불쾌한 문제들, 교조적 자유주의자들이 거의 예상하지 못했던 문제들이 우리 사이에서 튀어오르게 된다. 거대 노동조합의 책임을 정하는 문제, 거대 기업의 책임을 정하는 문제, 어떤 단일한 인간 지성의 오류와 대규모 계획을 조화시키는 문제 등은 물론 그와 유사한 수많은 난제들이 인간의 권력욕과 긴밀하게 연결돼 있다. 그런 난제들은 또한 보수주의적 원칙, 즉 '전체적으로 복잡한 시민 사회 질서를 위태롭게 만들지 모르는 수단으로 뭔가를 하기보다는 차라리 아무 일도 안 하는 편이 낫다'는 원칙과도 밀접한 관계가 있다. 질서, 정의, 그리고 자유는 자연의 산물이 아니다. 그와 정반대로 그것들은 인간이 고안해낸 가장 인위적이고 섬세한 도구이며, 수많은 세대의 경험을 통해 인류가 천천히 고통스럽게 발전시켜왔다. 고대 시대 때부터 채워져 있던 권력의 족쇄들을 모두 풀어주면 질서, 정의, 자유는 유지되기 힘들다. 세계를 단번에 새롭게 만들 만한 힘을 바로 곁에 두고도 사용하지 않기란 어려운 일이다. 그러나 권력의 족쇄가 풀려버리면 그것의 균형을 자유 사회라는 이름에 걸맞게 다시 회복하는 일은 더더욱 어려워진다.

CON SER
VAT ISM

10장

교육

숙고하는 보수주의자가 바람직하게 생각하는 교육의 목적은 분명하다. 그 목적이란 개인의 정신적이고 도덕적 능력의 계발이다. 젊은이들의 양심과 정신을 육성하는 이 과정―인간 대부분의 삶에서 배움은 독학이라는 형태를 통해 반드시 계속되어야 하지만, 여기서 내가 이야기하는 교육은 '학교 교육'이라는 관점에 맞춰져 있음을 밝혀둔다―에는 더 작은 목적이나 부차적인 혜택도 있다. 그런 작은 목적의 하나는 바로 바람직한 시민 사회 질서를 가능하게 만드는 신념과 관습을 젊은이들에게 가르치는 일이다. 교육의 또 다른 목적은 어른이 되어가는 과정에서 도움이 될 특정 기술이나 소양을 젊은이들에게 주입해주는 데 있다. 청소년들에게 사회의 규범적 부분에 어떻게 참여하는지 가르치는 일, 다시 말해 사회성이란 습관의 계발 역시 여러 목적 중 하나다. 그리고 이 밖에도 교육의 다른 목적과 혜택 들이 있다.

그러나 보수주의자는 보편적 교육의 **가장 중요한**essential 목적과 주요 혜택이 사람들을 지적이고 선하게 만드는 데 있다는 사실을 잊지 않는다. 학교 체제 자체만의 온전한 힘으로는 사람들을 지적이고 선하게 만들지 못한다. 젊은이들이 현명할지 어리석을지, 선하거나 악할지는 학교 교육 이외의 대단히 많은 부분, 즉 가족, 공동체, 그리고 그들의 자연적 성향 혹은 내켜하지 않는 마음disinclinations과 관계가 있다. 물론 학교는 젊은이들을 지적이고 선하게 만드는 과정에 도움이 된다. 그러나 '집단 놀이 활동group play'이나 '인성의 발현personality unfolding' 혹은 '행동을 통한 학습learning by doing'이나 '집단에의 적응adjustment to the group', '승인된 사회적 태도의 획득acquiring approved social attitudes'[59]이라는 애매모호한 계획들에 매달리느라 그런 주요 기능을 게을리하는 학교는 그릇된 학교가 된다.

보수주의자는 개별적 인간을 언제나 우선한다. 개인에게 나쁜

---

59 존 듀이에서 출발한 미국 학교 교육의 신개념을 나타내는 용어들임.

그 무엇이 사회에 좋을 순 없다. 대부분의 구성원들이 꽤 선하고 꽤 지적인데 어찌 그 사회가 매우 나빠지겠는가. 따라서 ─ 오르테가 이 가세트Ortega y Gasset[60]가 "대중 시대mass-age"라 부르는, 규격화와 집산주의의 다양한 형태들이 참된 개인의 인성이라는 전반적 개념을 위협하는 지금 시대엔 특히나 ─ 보수주의자는 학교의 주된 존재 이유가 주로 보통 사람들이 도덕 가치와 그 이해interest를 개선하는 데 있다고 늘 강조한다. 학교는 그저 부모들이 다른 곳에서 바쁜 시간을 보내는 동안 청소년을 그럴듯하게 가두어 보호하는 기관도, 단지 젊은이들에게 나중에 어떻게 돈을 버는지 가르치는 곳도 아니다. 또한 학생들에게 사회적으로 승인된 태도를 주입하는 수단이 되어서도 안 된다. 학교는 그보다 훨씬 더 중요한 곳으로, 자라나는 세대에게 건전한 지적·도덕적 규율discipline을 심어주는 기관이다. 보수주의자는 그동안 남용됐던 '규율discipline'이라는 단어의 사용을 두려워하지 않는다. 규율이 없는 인간은 악을 행하거나 게으름 속에서 인생을 소비해야만 한다. 가장 바람직한 규율의 형태는 자기절제이며, 학교는 정신적이고 윤리적인 자제심을 학생에게 심어주려고 노력한다.

---

60 1883~1955, 스페인의 철학자. 프리드리히 니체와 실존주의의 중간쯤에 위치하며 관념주의적 '생의 철학'에 기반을 둔 사상가라고 함. 대표 저작으로는 《대중의 봉기》가 있음.

그러나 자신의 공리에 충실한 근대의 급진주의자가 생각하는 공교육은 보수주의자가 마땅히 바람직하다 여기는 교육의 내용과 전적으로 다르다. 공산주의자, 파시스트, 사회주의자 또는 다른 어떤 종류의 급진적 이념에 사로잡힌 사람들에게도 학교는 권력의 도구이며, 급진주의자가 좋은 사회라고 믿는 개념을 젊은이에게 주입하는 수단이다. 급진주의자들에게 학교란 주로 개별 인간이 아닌 '사회'에 봉사하려고 존재하는 기관이다. 그리고 그들의 견해에 따르면 학자는 진실을 찾는 일에 시간을 낭비해선 안 되고 승인된 사회적 강령을 젊은이들에게 가르치거나, 계급 투쟁을 진전시키거나, 더 나은 세계를 계획하는 일에 종사해야 한다. 학교는 대중이 살아가는 사회를 개선하거나 적어도 변화시키는 수단이라는 게 급진주의자들의 생각이다. 근대의 급진주의자는 학교가 단지 일반 개개인 각자의 개인적 능력의 계발을 장려해야 한다는 개념 자체를 짜증스러워한다. 그는 학교를 어떤 형태의 집산주의로 전진케 하는 수단으로만 여긴다. 숲 때문에 나무들을 보지 못하는 셈이다. 급진주의자는 일반 개인, 그리고 일반 개인의 이성에 거의 아무런 관심을 두지 않는다. 그에겐 개개인이 모두 밀가루 반죽처럼 뭉쳐진 대중만 있을 뿐이다.

물론 오늘날 과격한 정치적 견해를 가진 사람들 중엔 내가 앞서 제시한 급진적 교육 이론을 품지 않은 사람들도 있다. 그러나 그들은 일관성 없는 보수주의자처럼 일관성 없는 급진주의자들이다. 만약 삶의 유일하고 진정한 목적이 군중의 물질적 개선이고 그것이 주로 평등이라는 조건의 수립을 통해 성취된다면, 강력한 사적 견해나 강력한 개인 정신의 계발을 고무할 이유가 없다. 집산주의는 강한 인격이나 높은 수준의 개인적 교양이 아닌 집산주의의 세속적 강령에 무조건적으로 복종하길 요구한다. 시어도어 브래멀드Theodore Brameld[61] 교수처럼 보다 일관성 있고 보다 직설적인 급진주의 교육가들은 그런 진실을 고백하며, 학교를 "모든 사람은 다른 모두에 속하고" 사람은 누구든 다른 이들과 같다거나 혹은 조금 더 낫다는 강령을 가르치는 선전 도구로 전환시켜야 한다고 우리에게 촉구한다. 꽤 솔직하게 스스로를 사회 재구성주의자Social Reconstructionist라 칭하는 그 교육자들은 새로운 집산주의적 사회를 세우는 데 학교를 활용하려 든다. 그들은 젊은이들을 교육하는 과정을 통해 모든 옛 신념 체계와 충성심을 해체하고, 인위적으로 배양된 집산주의적 강령의 신봉으로 그 자리를 대체하려 한다. 그들 중 일부는 거의 모든 학교가 출발점으로 삼았던 종교적 신념들을 대체하고자 '민주주의라는 종교'를 가르치려 한다. 그들은 탐구하

---

61 1904~1987, 철학자, 사회적 재구성을 지지한 교육가. 존 듀이의 교육 철학에 흥미를 느낀 뒤 학교는 궁극적으로 정치 사회적 변화의 도구여야 한다는 자신만의 이론을 개발했음.

는 정신이나 경건한 정신이 아닌, 오직 복종적이고 획일화된 정신만을 원한다.

그런 이론들이 대담하게 제시됐을 때 미국인들은 즉각 거부했다. 그러나 그들은 좀 더 미묘하고 덜 솔직하지만 장기적으로 봤을 때 더 위험할 수도 있는 제안들은 거부하지 않았으니, 바로 고故 존 듀이John Dewey[62]의 교육적 개념들이 그것이다. 듀이의 이론들엔 건전한 상식과 오류가 뒤섞여 있다. 그리고 그 오류들은 미국의 거의 공식적인 교육 신조가 되어버린 반면, 건전한 상식은 수정된 사회적 여건 때문에 잊혔거나 그 중요성을 잃어버렸다. 듀이는 공립학교가 미국인을 균질하게 만드는 도구가 되길 바랐다. 전통적 종교에 적대적이었던—일종의 입에 발린 상찬도 때로 하긴 했지만—그는 학교에서 교육의 세속화가 철저하고 공격적으로 이뤄져 미국 도덕과 정치의 기초가 되었던 종교적 개념을 몰아내길 희망했다. 보다 높은 경지의 상상력이 만들어낸 저작물들에 적대적이었던 듀이는 이미 미국 교육의 특징으로 확립되어 있던 문학 수업이나 지적 학문들을 '집단 노력'이나 '행동을 통한 학습' 등으로 대체하자고 제안했다.

---

62 1859~1952. 미국의 철학자이자 심리학자, 교육개혁가. 민주주의 신봉자로서 실용주의 교육 이론으로도 유명함.

캐넌 버나드 이딩스 벨Canon Bernard Iddings Bell[63]이나 아서 베스토르Arthur Bestor[64] 교수, 모티머 스미스Mortimer Smith[65], 앨버트 린드Albert Lynd[66], 고든 키스 찰머스Gordon Keith Chalmers[67] 박사 등 많은 사람들은 최근 듀이의 이론들을 학문적으로 비판한 바 있다. 그러나 이 책에서는 듀이의 이론들과 영향을 자세히 분석하기보다 그저 지적인 보수주의자라면 공교육에 마땅히 취해야 할 태도를 제시하는 데 집중하겠다. 지적인 보수주의자는 보존하려는 성향과 개혁하는 능력을 결합해야 한다. 그러나 미국의 학교들은 무엇보다 개혁을 필요로 한다. 수많은 사람들은 '민주주의를 가르치는 교육'이라 말하지만 학교들은 학생들에게 대중적 복종만 가르치려는 듯하고, 탐구하는 정신을 배양하는 대신 황량한 세속적 강령만 주입하려 든다. 보편적 생각을 이해할 능력, 심지어 읽고 쓸 줄 아는 능

---

63 1886~1958, 미국의 영향력 있는 기독교 학자이자 성공회 사제. 하버드나 예일을 비롯한 미국의 유수 대학에서 강의했고 많은 사회비평 서적을 저술했으며 〈뉴욕 타임스New York Times〉와 〈타임〉 등 유수 언론에도 활발하게 기고했다.

64 1908~1994, 미국의 역사학자. 1950년대 미국 공교육을 신랄하게 비평한 학자로 유명. 컬럼비아 및 스탠퍼드 대학 등에서 교수 역임.

65 1906~1981, 미국의 작가이자 교육운동가. 공립학교는 학생들의 기본적 능력 배양에 힘써야 한다고 강조했음.

66 1950년에 저서 《엉터리 같은 공립학교Quackery in the Public Schools》를 출간한 하버드 대학 졸업 기업인. 생몰연대 불상.

67 1904~1956. 17세기 영국 사상을 전공한 학자, 미국 고등교육 지도자. 록포드 대학과 케니언 대학의 총장을 역임.

력이 시민들에게 없는 공화국은 오래 존속하지 못한다. 학교의 실패, 심지어 상당한 정도로 진행된 대학과 전문학교의 실패로 우리는 바로 그 고비를 초래했다. 오늘날 많은 대학생들은 50년 전 초등학교 6학년 학생들이 잘 썼을 만한 간단한 편지조차 제대로 쓰지 못한다.

따라서 보수주의자는 우리가 학교에서 '집단 역할'이나 '사회적 재구성' 운운하는 대신 읽기와 쓰기, 수학, 과학, 풍부한 상상력의 문학, 그리고 역사 등 과거의 핵심 과목들을 복구하는 데 더 많이 노력을 기울여야 한다고 믿는다. 또한 그는, 미국 공교육은 뚜렷한 '내용subject-matter'이 있는 과정들을 복원함과 더불어 단일과목으로 뭉뚱그려 가르쳤던 '사회 연구social studies'나 '소통communications' 같은 만병통치식의 모호한 과목들을 철폐해야 할 필요가 있다고 생각한다. 보수주의자는 우리의 대학들이 인문학적 수업, 즉 윤리적 이해를 가르치고 보다 높은 상상력을 계발하고자 고안된 학문으로 돌아가면 큰 혜택을 보게 된다고 믿는다. 과도한 직업교육 중심의 가르침, 아무에게도 교육다운 교육을 하지 않지만 모두에게 주는 학위로 학생들을 유혹하려는 그릇된 열정, 거짓된 전문화로부터 대학들은 스스로 벗어나야 한다. "고대 철학자들은 지혜를 가르치길 열망했지만 근대의 교수들은 사실만을 가르치려 든다."라고 앨프리드 노스 화이트헤드Alfred North Whitehead[68]는 평했다. 제각각

떨어져 있는 사실들 그 자체는 교육의 내용을 구성하지 않는다고 보수주의자는 생각한다. 모호한 감성과 '승인된 사회적 태도'들은 진정한 교육 과정과 여전히 아무 관련이 없다. 공화국은 우리 조상들의 지혜라는 지식과 슬기로움을 존중하는 마음이 겸비된 시민, 의견을 형성하고 판단을 내릴 능력이 있는 시민을 요구하기 때문이다. 참된 인간이 되려면 글자 그대로 추론하는 존재가 되도록 만들어주는 그 진정한 과목들을 이해할 필요가 있다. 이보다 못한 일을 하는 '교육' 체계는 전혀 교육적이지 못하며, 그저 국가에 봉사하는 선전 선동 기구에 지나지 않는다.

중세의 대학 교수들이 그렇게 생각했듯 보수주의자들은 우리 근대인들을 '거인의 어깨 위에 서 있는 난쟁이'라 여긴다. 우리가 조상보다 지적으로 더 멀리 볼 수 있다면 그것은 선조들이 이룬 업적의 거대한 양과 힘이 지원해준 덕이다. 그들의 지혜를 마다하면 우리는 무지의 구렁텅이로 떨어지고 만다. 윤리적 원칙들을 심어주고 질서 있는 상상력을 장려해온 옛 과목들을 잃으면 누구나 문화적 퇴락으로 빠져버리고, 일군의 교활하고 부도덕한 악당들에 희생되기 쉽다.

---

68 1861~1947. 영국의 수학자이자 철학자. 과정철학과 유기체철학 등으로 유명함. 하버드 대학 철학교수 역임.

이 모든 잘못이 20세기 미국 교육에 있음에도, 보수주의자는 미국의 교육 체제에 여전히 상당한 장점이 존재함을 안다. 그 중 가장 두드러진 예는 아직도 미국 교육 제도에서 살아남은 다양성과 경쟁이다. 미국에는 공립학교뿐 아니라 상당히 많은 사립학교, 또 교회의 지원을 받는 학교들이 있는데 보수주의자는 이런 건강한 다양성을 반긴다. 제임스 코넌트James Conant[69] 박사 같은 듀이의 제자들은 교회가 설립한 학교나 사립학교의 폐지를 촉구하며, 완전히 세속화되고 '민주주의를 가르치도록' 의도된 학교 교육의 공통 양식을 전 국민에게 강제해야 한다고 강조한다. 보수주의자는 그런 시건방진 제안에 맞서 싸우며, 오히려 그런 사립학교들 덕분에 획일성이 교육 과정에 미칠 치명적 영향을 피하게 돼 다행이라 생각한다. 그는 우리에게 주립대학뿐 아니라 명성이 높고 재단의 지원을 받는 유서 깊은 사립대학들이 있고, 개인과 교회가 지원하는 수백 개의 대학, 실험의 기회, 교수와 학생들에게 선택의 자유가 있다는 사실을 대단히 기쁘게 생각한다. 지적 생명력과 창조성을 바라는 국가라면 마땅히 이런 다양성을 장려해야 한다. 그러나 정체stagnation와 세속적 순응만 추종하는 국가는 듀이와 코넌트가 주장한 획일적

---

69 1893~1978, 미국의 화학자이자 교육가. 하버드 대학 총장과 초대 서독 대사를 역임.

교육 계획만 떠받든다.

보수주의자는 어떤 종류의 중앙 집중화에도 의심의 눈초리를 보낸다. 교육 제도의 중앙 집중화 역시 가장 위험한 중앙 집중화 형태 중 하나다. 공립학교에 연방정부의 보조금을 주겠다는 제안에 그는 매우 분명한 적대감을 느낀다. 바이올린 연주자가 연주할 곡은 그에게 돈을 주는 사람이 고른다는 사실을 보수주의자는 잘 안다. 게다가 교육은 지역적 노력으로 뒷받침될 때 훨씬 더 활기를 띤다. 백악관에서 1955년에 열린 교육협의회에서 나온 정보들 중 매우 가치 있는 유일한 대목은 미국의 모든 주가 스스로 교육적 책임을 맡아야 한다는 결론이었다. 보수주의자는 보통 사람, 지역 공동체 그리고 각각의 주가 그들 자신에 필요한 교육적 수요와 관심이 무엇인지 결정하는 데 최선의 판단자라고 생각한다. 또한 그는 '통합'과 '통일'을 이야기하는 제안들을 예민하게 의심한다. 그러한 제안들의 어두컴컴한 뒷면 어딘가에는 사회를 완전히 뒤죽박죽 만드는 도구로 학교를 활용하려는 누군가의 거대한 구상이 있음을 알기 때문이다. 보수주의자에겐 사회를 혼란에 빠뜨리겠다는 의도가 없고, 그러한 목적으로 학교를 남용하는 행위야말로 교육을 타락시킬 뿐이라고 여긴다. 공교육의 자연적 기능은 보수적—이 단어가 갖는 가장 좋은 의미에서—이다. 공교육은 조상들이 밝혀주는 지혜의 불빛으로 우리 자신을 안내하게끔 가르쳐주는 정규 과목을 통해, 과거에 발견하고 쓰고 생각했던 내용 중 최고만을 보존해 나가려는 노력이기 때문이다.

내 스코틀랜드 친구 하나는 내게 보내는 편지에서 우리 시대를 괴롭히는 혼란스런 개념들을 언급했다. "사람들은 과거 모든 시대의 현자들이 거부했던 전제들을 받아들이는 듯하네. 지금 공기 중에는 가다라Gadara[70]의 절벽으로 행진하는 수없이 많은 돼지들의 발자국 소리가 끔찍할 정도로 불길하게 울리니 말일세." 또한 그는 모든 좋은 지역과 사람들이 "진솔한 적의가 아닌, 참을 수 없이 그럴듯한 헛소리에 희생되고 있다"고 썼다. '참을 수 없이 그럴듯한 헛소리'는 교육 문제를 두고 요즘 우리에게 들려오는 대부분의 얘기들을 특징짓는 말이다. 가장 시급하게 필요한 보수적 개혁 과업의 하나는 올바른 이성으로 돌아가는 일, 즉 교육에서 명예로운 과목들을 회복시키는 일이다. 이 개혁의 첫 번째 걸음은 '교육의 목적은 개개인의 정신과 양심의 고양'이라는 영원한 원칙의 확인이어야 한다. 교육은 급진적 교조주의자들이 가지고 노는 장난감이 아니고, 데이비드 리스먼David Riesman[71]이 "컬럼비아 교원 대학 후원 연

---

70 예수가 2,000개의 악령을 돼지에 들여보내 모두 몰살케 했다는 마태복음 8장의 이야기에 빗댄, 현대인들이 마치 악령에 몸을 내준 가다라의 돼지 같다는 비유임.

71 1909~2002, 미국의 사회학자이자 교육가, 변호사.《고독한 군중Lonely Crowd》이라는 저서

결망"[72]이라 칭한 이들에게 이익과 특별한 지위를 제공하는 커다란 협잡도 아니다. 보수주의자는 정신의 작업을 존중한다. 그러나 우리 시대의 급진주의자는 헛소리와 구호에나 우쭐하며 만족하는 듯하다.

로 유명해짐.

72 존 듀이의 철학에 동조하는 교사들의 연합체를 지칭. 예컨대 전교조와 유사한 집단.

CON SER VAT ISM

11장

영구불변과

변화

보수주의라는 단어의 가장 생동감 넘치는 정의는 미국의 저널리스트이자 소설가인 앰브로즈 비어스Ambrose Bierce의 《악마의 사전Devil's Dictionary》에 올라 있다. "보수주의자: 명사. 현존하는 악으로 무장된 정치인. 기존의 악을 새로운 악으로 대체하려는 자유주의자와 구별된다." 보수주의자는 진정으로 과거에 공감하는 느낌, 사회의 영구불변을 추구하는 힘들을 대변하고 자유주의자는 미래의 영광이라는 느낌, 사회의 변화를 추구하는 힘들을 대변한다. 자유주의자들은 현존 질서의 급진적 변경을 바라는 이들이기 때문에 대체로 보수주의자보다 더 적극적이다. 또 논쟁적인 글을 쓰고 대중 운동을 조직하는 사람들 역시 대개는 자유주의자다. 급진적 변화라는 두려움에 자극을 받거나 사회의 퇴락에 놀라는 때를 제외하면 보수주의자는 관습과 습관이라는 강력하고 안정적인 힘에 의지하는 경향이 있다. 존 스튜어트 밀John Stuart Mill이 보수주의자들을 "바보들의 무리"라 칭할 핑계를 준 것도 이런 경향이다. 앤서니 트롤로프Trollope[73]의 소설《공작의 아이들Duke's Children》에서 실버브리지 경은 자신이 보수당에 합류한 사실을 아버지 옴니엄 공작에게 사과하는 뜻으로 다음과 같이 이야기했다. "위대한 수많은 사람들과 비교할 때 저는 제가 바보인 걸 압니다. 아마도 제가 보수주의자라는 사실을 알기 때문일 겁니다. 급진주의자들은 언제나 보수주의자가 바보여야만 한다고 말하죠. 그렇다면 바보는 반드시 보수주의자여야 합니다."

그러나 진지한 생각과 행동에 나설 때, 숙고하는 보수주의자는 경쟁자인 급진주의자나 자유주의자들이 종종 깜짝 놀랄 만한 힘으로 움직인다. 로마 공화국 해체 시기의 키케로Cicero, 영국 내전the English Civil Wars[74] 시기의 루셔스 캐리 포클랜드Lucius Cary Falkland[75],

---

73 1815~1882, 영국 빅토리아 시대의 소설가. 정치 사회적 현안을 다룬 소설을 많이 집필했음.
74 1642~1651년 영국에서 헌정 체제의 방향을 두고 주로 왕당파와 의회파 사이에서 벌어진 일련의 내전. 세 번의 싸움 끝에 의회파가 최종 승리하면서 매듭지어졌음.
75 1610~1643, 제2대 포클랜드 자작, 영국의 왕당파 하원 의원으로 뉴베리 전투에서 전사

프랑스 혁명 시기의 버크 미국 건국 초기의 존 애덤스는 바로 그런 힘을 보여주었다. 요즘 미국 보수주의자들은 전체주의 국가의 음산한 위협에 자극을 받아 적극적으로 글을 쓰고 행동한다.

명청한 급진주의자나 자유주의자가 존재하듯 명청한 보수주의자도 있다. 그러나 보수주의자들이 정말 "바보들의 무리"는 아니다. 전해져오는 말 중에 "보수주의는 즐거움conservatism is enjoyment"이라는 문장이 있다. 보수주의자는 그 모든 고통에도 불구하고 삶은 즐겁다고 믿는다. 또한 그는 미국 사회가 그 모든 결점에도 불구하고 핵심적인 면에서는 건전하다고 믿는다. 따라서 삶과 우리의 오래된 제도들을 즐기면서 그는 모든 것을 새롭게 바꾸려는 급진주의자의 광란적 욕구에 공감하지 않는다. 보수주의자는 미국이 실재 가능한 최악의 세계라 믿지 않고, 하늘 아래 완벽한 세상이 있을 수 있다고 믿지도 않는다. 급진주의자들이 '신경쇠약자들의 무리'라면 보수주의자들이 바보들의 무리일 수도 있겠다. 어떤 보수주의자들이 그저 둔감하고 자족하는 무리라면 어떤 급진주의자들은 그저 신경질적이고 불평불만에 가득 찬 무리, 애덜럼의 동굴[76]에 있는 다윗에

<hr />

했음.

76 구약에 따르면 다윗이 사울 왕의 핍박을 피해 절치부심하며 몸을 피했던 요새임.

게 간 사람들이다. 고故 F. J. C. 헌쇼F. J. C. Hearnshaw[77] 교수는 이렇게 썼다. "대개 보수주의자는 가만히 앉아서 생각만 해도 충분하다. 어쩌면 그저 가만히 앉아만 있어도 충분하다."

버크는 당대 영국의 보수주의자들을 커다랗게 무리 지어 참나무 아래에서 풀을 뜯어 먹는 소들에 비유했다. 주변에서 울음소리를 내며 뛰어다니는 수많은 메뚜기에 비해 소는 조용하고 바보 같아 보인다. 그러나 진정한 힘이 필요할 때, 이 보수적 황소 무리 옆의 메뚜기들은 정말 무의미한 존재라고 버크는 덧붙였다. 이는 지금도 마찬가지다. 수많은 보수주의자들은 이제 가만히 앉아 있어서는 안 된다는 사실을 깨닫고 있다. 그들은 반드시 생각하고 또한 행동해야 한다. 나는 그들이 곧 적극적으로 행동하리라 생각한다.

'멍청하다'는 말은 보수주의자에게 쏟아지는 주요 비난 중 하나다. 그 말이 의미하는 바는 단순하다. 보수주의자는 대체로 실정법 제정과 군중 집회를 통해 지구상에 천국을 만들어내겠다는 추상적 계획을 믿지 않는 사람이다. 보수주의자는 진보를 반대한다는 이유로도 자주 비난받는데, 이 비난 역시 앞서와 마찬가지로 근거가 희박하다. 다시 말해 그런 비난은 어느 정도 피상적으로 정당

---

77 1869~1946, 중세사를 전공한 영국의 역사학자. 보수적 역사 해석으로 유명함.

화될지 모르지만 보수주의자의 진정한 제1 원리[78]들을 분석해보면 급진적 비평가들은 사려 깊은 보수주의자를 대단히 잘못 해석하고 있음을 알게 된다.

보수주의자는 진보 그 자체를 반대하진 않는다. 그러나 세상에 반드시 작동하는 신비로운 진보, 그 자체의 힘이 있다는 주장은 강하게 의심한다. 어느 한 관점에서 진보하는 사회는 다른 관점에선 대개 쇠락한다. 그 어떤 건강한 사회도 새뮤얼 콜러리지Samuel Coleridge[79]가 영구불변함Permanence과 진보Progression라 일컬은 상반된 요소를 품고 있다는 사실을 보수주의자는 안다.

한 사회의 영구불변함은 우리에게 안정과 지속성을 제공하는 영속적 가치와 이해들로 형성된다. 그런 영구불변함이 없다면 아주 깊은 근원은 파괴되고 사회는 무정부 상태의 혼란으로 빠져든다. 사회에서의 진보란 우리에게 신중한 개혁과 개선으로 나아가도록 촉구하는 사람들의 정신과 육체의 집합이다. 그러한 진보가 없다면 사람들은 정체하고, 사회는 고대 이집트나 페루의 경우처럼 무기력

---

78 제1원리는 '자명한 주장이나 가정'을 의미하며 철학에서는 아리스토텔레스가 처음 가르쳤다. 참고로 수학에서의 제1원리는 '공리公理'를 의미한다.

79 1772~1834, 영국의 시인이자 문학평론가, 철학자, 신학자. 친구인 워즈워스와 함께 낭만파 운동을 주도했음.

한 사회로 침잠해간다. 따라서 깨어 있는 보수주의자는 진보와 영구불변함이 요구하는 내용들을 조화시키려 노력한다. 자유주의자와 급진주의자는 영구불변함이 요구하는 정당한 내용들엔 눈을 감은 채 자신들이 보편적 행복이라 주장하는 불투명한 미래를 우리에게 덮어씌우려 한다고 보수주의자는 생각한다. 그는 그런 성급한 노력들이 특히 조상들이 우리에게 물려준 위대한 유산을 모조리 위험에 빠뜨리는 상황을 우려한다. 간단히 말해 보수주의자는 합리적으로 반추하는 온건한 진보를 지지하지만, 진보의 추상적 숭배에는 반대한다. '모든 새로운 것은 과거의 낡은 것보다 반드시 더 좋다'고 가정하는 숭배 말이다.

좋은 사회가 되려면 변화는 필수라고 보수주의자는 생각한다. 인간의 신체가 끊임없이 낡은 세포를 버리고 새로운 세포를 만들어내듯 정치 체제 역시 때로는 낡은 방법을 버리고 유익한 혁신을 채택해야 한다. 스스로를 새롭게 하길 멈추는 생명체는 이미 죽어가길 시작한 셈이나 매한가지다. 그러나 그 생명체가 건강하다면 변화는 정규적인 방법으로, 또 그 생명체의 형태와 본성에 조화로운 방법으로 이뤄져야 한다. 그렇지 않을 경우 변화는 숙주를 잡아먹는 암처럼 괴기스럽게 성장해간다. 보수주의자는 사회의 구성 요소 전체가 전적으로 낡거나 전적으로 새롭지 않도록 신경 쓴다. 우리의 육체를 보존하는 방법이 그러하듯 이는 사회를 보존하는 수단이기도 하다.

그러나 한 사회가 얼마나 많은, 또 어떤 변화를 요구하는지는 그 사회의 구체적 조건과 그 시대의 정신에 달려 있다. 이미 단계적이고 온건한 변화가 시작됐는데도 즉각적이고 위험천만한 변화를 주장하는 게 급진주의자들이 늘 범하는 잘못 중 하나다. 프랑스 혁명의 와중에 토크빌은 자신의 나라를 두고 이렇게 썼다. "계단의 중간쯤 내려왔음에도 바닥에 더 빨리 닿으려고 창문 밖으로 몸을 던져버렸다." 보수주의자는 기존에 수립된 이해나 관례와 날카롭게 단절하는 변화라면 그 어떤 것이든 위험하다고 믿는다. 또한 그는 변화나 진정한 혜택을 달성하려면 주제넘은 중앙정부의 권위로 발동되는 칙령이 아닌, 많은 단체와 사람들의 자발적인 노력이 있어야 한다고 생각한다. 공화국의 건국 이래 미국에선 많은 변화가 있었고, 그중 어떤 부분은 좋았던 반면 또 어떤 부분은 그렇지 않았다. 그러나 변화를 위한 변화를 사랑하지 않았다는 사실은 이 나라가 가진 주요 장점 중 하나다. 미국의 번영과 대체적인 평온함은 우리가 구질서의 가장 바람직한 모습과 우리의 독창성이 제안하는 개선을 조화시키려고 언제나 매우 많이 애써온 결과다. 우리의 변화는 어느 한 사람의 원대한 계획 때문이 아니라 신중하게 애써온 수많은 사람들이 각자 독립적으로 노력한 결실이다.

일부 매우 중요한 사항들은 변할 수 없음을 보수주의자는 알기에, 더 개선하는 게 불가능한 그런 사항들을 만지작거리는 행위를 대단히 위험하게 여긴다. 그는 우리가 인간의 본성을 대대적으로 더 좋게 바꿀 수 있다고 믿지도 않는다. 인간 본성에서 유일하게 가능한 개선은 내적 개선이며, 이는 누구든 개인적 노력으로 이뤄야 한다. 보수주의자는 미덕으로 가는 길을 안내하는 수단인 십계명을 개선할 방법이 있다고 생각지 않는다. 또한 이미 미국인에게 주어진 정치 체제와 다른, 우리의 국가적 기질에 더 잘 맞는 정부 형태를 처음부터 끝까지 완전히 새롭게 창조하는 일도 불가능하다고 생각한다. 간단히 말해 보수주의자는 도덕과 정치에서의 위대한 발견들이 이미 다 이루어졌다고 여긴다. 그리고 우리로선 어떤 새로운 처방을 막연히 추구하기보다는 그러한 진실들을 잘 활용하는 편이 바람직하다. 보수주의자는 150년도 더 전에 버크가 새로운 도덕과 새로운 정치를 옹호한 18세기 사람들에게 했던 말에 공감한다. "우리는 우리가 새로운 발견을 하지 못했다는 사실을 안다. 또한 도덕성에서 어떤 새로운 발견이 이루어지리라 생각도 하지 않는다. 정부의 위대한 원칙들이나 자유라는 사상에서 새로운 발견이 많이 이뤄지기란 불가능하다. 우리가 태어나기 오래전부터 사람들에게 이해되었으며, 주제넘었던 우리가 죽은 뒤 무덤이 만들어져 우리의 시건방진 장광설에 침묵의 법칙이 강요되는 조용한 묘비가 세워진 이후에도 여전히 이해될 만한 그런 발견들 말이다."

만약 두 가지 중 보다 중요한 하나를 택해야 한다면 그것은 진보가 아닌 영구불변함이다. 대단히 잘 작동된다고 알려진 관습과 제도, 그리고 특징이 잘 알려지지 않은 관습과 제도가 있다고 치자. 그렇다면 새롭고 전혀 행해보지 않은 쪽보다는 오래 이어져왔고 여러 차례 시도된 바 있는 쪽을 선택하는 편이 현명하다. 로아노크의 랜돌프Randolph of Roanoke[80]는 당황해하는 하원 의원들에게 이렇게 이야기했다. "신사 여러분! 나는 현자의 돌을 발견했습니다. 바로 '엄청난 도전이 없는 상황에선 이미 편안하게 해결된 상태의 무언가를 결코 휘젓지 말라'는 겁니다." 우리가 시민 사회 질서라 부르는 정교한 조직─즉 도덕적 습관들의 복합체, 확립된 정치 제도, 관습적 법률들, 경제적 방식들─은 지난 수백 년에 걸쳐 시행착오라는 고통스럽고 힘든 과정을 통해 수립되었다. 그것은 잘 걸러진 지혜의 산물이고, '죽은 자들의 민주주의'이며, 신중한 여론이자 수많은 세대의 축적된 경험이다. 우리가 그 구조물을 파괴해버린다면 그것을 다시 세우기란 거의 불가능하다. 미국의 확립된 질서는 제대로 작동하고 있다. 그리고 우리는 제멋대로 가정된 어떤 새로운 질서가 제대로 작동하리라 확신하지 못한다. 사회를 마치 장난감처럼 가지

---

80 앞서 나왔던 존 랜돌프를 지칭.

고 놀 권리가 우리에겐 없다. 지금 살아가는 수많은 사람, 또 앞으로 태어날 수많은 사람의 삶이 달려 있는 문제이기 때문이다. 그렇기에 나는 반복해서 말한다. 분명한 선택을 해야 할 때면 진보보다는 영구불변함을 택하는 편이 더 현명한 일이라고.

그러나 우리는 그런 선택을 자주 내릴 필요가 없다. 오히려 그보다는 온건하고 잘 계산된 진보와 이미 수립된 사회가 제공하는 현재의 이점을 잘 결합할 만한 힘을 발휘해야 할 때가 더 자주 찾아온다. 신중한 보수주의자는 개혁하는 능력과 보존하려는 성향을 결합해야 한다는 의무를 잊지 않는다. 수백만 인구의 대서양 연안 식민지였던 미국은 오늘날 카리브해와 북극, 또 한국과 아프리카에도 미군 기지를 세운 1억 8,000만 인구의 대국으로 성장했다.[81] 이는 미국 보수주의의 특성 덕분에 가능했으며 진정한 진보, 그러나 전통의 틀 안에서 이뤄진 진보다. 이를 성취하는 과정에서 미국인들은 공화국이 건립될 당시의 도덕적 제도와 사회적 제도를 거의 변함없이 보존해왔다. 이것이 보수주의자들의 이상ideal, 다시 말해 영구성과 변화가 맺은 만족스러운 관계다. 웅대한 원칙들은 지속된다. 바뀌는 건 그 원칙의 적용일 뿐이다.

---

81 이 책은 1957년에 처음 출간됐다.

한 세대 전 유행에 휩쓸려 거의 모든 사람들이 스스로를 자유주의자라 칭할 때, 캐넌 버나드 이딩스 벨은 다음과 같이 근대 자유주의를 정확하고 냉혹하게 묘사했다.

간단히 말해 자유주의자는 인간의 본성이 선하고 신뢰할 만하다고 생각하는 사람이다. 이제는 더 이상 그 자체로 존재하지 않는 고대의 사악함이 촉발한 불운한 사회적 불균형만 우리 삶에서 제거해내면, 또 초자연적 종교의 억압에서 인간의 정신을 자유롭게 풀어주기만 하면 모든 상황은 시간이 지남에 따라 점점 더 나아진다고 그는 생각한다. 자유주의자는 인간이 영혼 없는 존재일 뿐이고 그렇기 때문에 계몽된 사리추구, 혹은 천박하게 말해 '방심하지 않는 정신'만 있다면 문화의 가장 장엄한 창조물까지 반드시 향유하게 된다고 믿는다.[82] 교육에서 자유주의자는 '백지 같은 인간 아기'에게 경탄하며 그 아기가 필요로 하는 과목을 가르치는 대신 원하는 대로 행동하도록 내버려둠으로써 아기를 교육하려 한다. 정치에서 자유주의자는 개개인에게 투표권을 주고 다수결이 결정한 대로 공공의 정책을 지휘하면, 가능한 최고의 사회적 선은 반드시 찾아온다고 믿는다.

---

82 반면 보수주의자는 조상이 지혜를 모아 고통스런 노력과 희생한 끝에 만들어진 인간 영혼의 위대하고 장엄한 창조물이 문화라고 생각한다.

자유주의자는 그런 사람으로, 보수주의자와는 매우 다른 종류의 존재다. 보수주의자는 자신이 어제 태어난 존재가 아님을 안다. 우리의 복잡한 문명이 주는 모든 혜택들은 수많은 세대가 고통스럽고 희생적인 노력을 통해 성취해낸 섬세한 창조물이라는 사실을 보수주의자는 인지한다. '그저 시간이 흘러만 간다'고 모든 사정이 조금씩 더 나아지진 않는다. 무언가가 개선된다면 그것은 전통의 테두리 안에서 노력하는 양심적인 사람들이 악과 게으름에 맞서 훌륭하게 투쟁해온 덕분이다. 역사에서 매우 드물긴 하나 진보는 실재한다. 그러나 그것은 인간의 독창성과 신중함이 솜씨 있게 빚어낸 작품이지 결코 자동적으로 이뤄지지 않았다. 그리고 진보는 영구 불변함이라는 분명한 토대 위에서 행해질 때에만 성취 가능하다.

CON SER
VAT ISM

12장

공화국

공화국이란 단어는 정치적 형태로 표현된 공공의 사안, 공동체, 전반적 복지general welfare 등을 의미한다. 공화국이라는 개념은 미국 보수주의 사상의 핵심이다. 1776년 이래 미국엔 군주제가 없었다. 그리고 우리는 언제나 '순수한 민주주의pure democracy'를 의심해왔다. 대중이 지배하는 정부, 다시 말해 헌정 체제의 견제를 받지 않고, 소수를 보호하지 못하며, 대의 제도가 없는 정부를 의심스럽게 바라봤다는 뜻이다. 칼훈이 이야기했듯 "우리의 정부는 공화국이고, 절대적 민주주의와는 대조적인 형태의 헌정 체제적 민주주의다. 그리고 (…) 공화국을 단순히 수적 다수결의 정부로 간주하는 이론은 완전히 그릇된 오해에서 비롯된다."

집산주의 국가는 계급, 자발적 민간 단체, 사적 권리들을 철폐하려 한다. '일반 의지general will'와 절대적 조건의 평등이라는 형태 없는 얼룩formless blur으로 그 모두를 삼켜버리려는 목적 때문이다. 여기에서의 평등은 국가를 지배하는 소수의 도당을 제외한 다른 모두에게만 해당한다. 이와 반대로 우리 공화국의 목적은 계급들을 조화시키고, 자발적 조직들을 보호하며 사적 권리들을 함양하는 데 있다. 우리는 어떤 '일반 의지'가 아닌 보통 시민들과 정당한 집단들의 의견만 인정함과 더불어 조건의 평등이 아닌 법률적 권리의 평등, 즉 "모두에게 그 자신의 몫을 준다to each his own."라는 정의의 고전적 원칙을 추구한다.

미국인들에게 훌륭한 공동체란 그 안의 사람들이 저마다 자신의 취향을 좇으며 살아가고, 오직 정의를 관리하는 데 필요한 규칙과 도덕성이 내리는 명령에만 복종하는 곳이었다. 미국은 개인에게 많은 권리를 남겨두었다. 우리는 개인이나 자발적 조직들이 수행할 수 없는, 질서 유지와 의무 수행에 필요한 권한만을 지역과 주정부에게 주었다. 또한 연방정부에는 주정부의 일반적 능력 밖에 있는 문제들을 다루는 특정 명시적 권한만을 위임했다. 공화국이 수립된 이래 지금까지 권리와 권한을 나누는 최초의 배분은 다소 달라졌지만, 권리와 책임에 따르는 이론은 일반적 미국인들 사이에서 여전히 지배적으로 작동한다. 공정한 공화국이란 가능한 한 많은 일들이 그 안에서 살아가는 개인과 지역적 관리에 맡겨진 공동체라고 미국인들은 믿는다. 그리고 그런 나라는 계급과 자발적 조직들, 그리고 개인의 권리를 제거하기는커녕 오히려 그 모두를 보호하고 존중한다.

대부분의 미국인은 단 한 번도 '공동체'란 곧 '집산주의'를 의미한다는 오류에 빠진 적이 없다. 혹자는 중앙에 절대적으로 집중된 주권이라는 개념을 무시하는 건전한 태도 덕분에 우리가 누리는 공동의 자유, 공동의 번영이 잘 일궈졌다고 평할지도 모른다. 미국 정치 본래의 이런 보수적 성향은 여전히 미국인들에게 남아 있다. 미국인은 '다수의 의지가 곧 신의 의지'라는 오류에 홀린 적이 없다. 오히려 일시적이며 사려 깊지 못한 다수의 욕구와 의지를 견제하는 건전한 안전 장치가 성공적인 공화국의 특징이라고 믿는다.

미국인의 공화국은 간단히 말해 개인적이고 지역적인 자유의 복합체였고, 이 나라의 위대한 장점은 평등이 아닌 자유였다. 그러나 이 공화국을 향한 애정과 이해가 요즘 들어 줄어간다는 증후들이 있다. 키케로가 로마 공화국 당시 발견했던 그런 조건에 때로는 우리 역시 거의 다다른 듯싶다. 키케로는 무너져 내리는 공동체를 그의 글 〈공화국The Republic〉에서 다음과 같이 묘사했다.

오래전 조상들의 여러 관습은 존경할 만한 인물을 만들어냈고, 그다음에는 그 탁월한 이들이 자신들의 방법과 제도를 높이 치켜세웠다. 그러나 우리가 계승한, 과거의 아름다운 그림 같던 공화국은 오랜 시간을 거치며 그 색깔이 이미 퇴색해버렸다. 우리 세대는 그 색을 생생히 유지하려는 노력을 게을리했을 뿐 아니라 형태와 윤곽을 보존하는 데도 실패했다. 고대에 공동체가 어떻게 세워졌는지 그 방법들을 알려주는 그 무엇이 과연 우리에게 조금이라도 남아 있는가? 그것들은 사람들의 망각 속에서 등한시되었을 뿐 아니라 거의 잊혀졌다. 그러니 나는 달리 할 말이 없다. 우리의 관습은 그것을 지키려는 사람들이 없어 사라져버렸다. 이제 우리는 그에 따르는 책임을 추궁당하고, 그리하여 중범죄를 저질러 고발된 사람처럼 우리 자신을 변호해야 할 처지에 놓였다. 운이 나빠서가 아니라 우리의 잘못 때문에, 우리는 그 실체를 잃어버린 지 오래인 '공화국'란 단어만 손에 쥐고 있을 뿐이다.

'공화국'이란 실체를 잃어버리고 오직 그 단어의 의미만 간직하게 되지 않으려면, 우리 미국인도 국가의 기풍을 진작하고 표현해낸 자유와 질서의 이해를 복구하려는 보수적 과업에 착수할 필요가 있다. 이것이 이 작은 책이 지닌 주요 목적 중 하나다.

많은 이들은 요즘 '자유'라는 단어를 프랑스 혁명가들이 사용했던 의미로 사용한다. 이때의 자유는 전통, 이미 수립된 사회 제도, 종교적 믿음, 규범적 의무에서 벗어나겠다는 자유이며, 미 공화국을 건국한 사람들이 이해했던 자유의 의미와는 다르다. 그들에게 자유와 질서는 서로 반대되는 기둥이 아니었기 때문이다. 오히려 그들은 질서가 없이는 지속적 자유를 가질 가능성도 결코 없으며, 대단히 높은 정도의 개인적 자유가 없으면 진정으로 공정한 질서 또한 존재할 수 없음을 알았다. 우리의 공화국을 오래 지속시키려면 마땅히 자유를 이렇게 새로이 이해해야 한다.

보수주의자는 유서 깊은 위대한 내용들을 보존하려 애쓴다. 그는 인간을 야수에서 벗어나게 만들어준 종교적이고 도덕적 전통을 보존하려 노력한다. 또한 조상들의 지혜, 우리를 야만의 상태에서 벗어나게 해준 서구 문명의 유산도 마찬가지다. 수많은 세대의 시행착오와 경험을 통해 개발되고 우리에게 나름 견딜 만한 정도의 정의, 질서, 자유를 제공해준 시민 사회의 정치·경제적 질서도 보수주의자는 보존하려 애쓴다. 현재 보수주의자는 자유를 보존하는 데특히나 예민하다. 지금 우리는 물질적 빈곤이나 무질서의 혼란에서야기되는 즉각적 위험에 처해 있지는 않다. 그러나 우리는 우리를정말 인간 이하의 존재로 만들어버릴지 모르는, '자유의 상실' 상태가 거의 임박했다는 위험과 마주하고 있다. 그렇기에 근대 보수주의자는 자유의 중요성을 강조하는 경향이 있다. 비록 다른 시대에서는 자선이나 의무를 강조할 필요가 있었다 해도 말이다. 그러나자신의 원칙들에 진실한 보수주의자라면 모든 자유엔 책임이 따른다는 사실을 잊지 않는다.

이전 장들에서 나는 정치경제political economy의 문제를 충분히 이야기하지 않았다. 그 주된 이유는 우리 세대에서 경제가 지나치게 강조돼왔다고 생각하기 때문이다. 한 세대 전 조지 버나드 쇼George Bernard Shaw는 '근대에 벌어지는 위대한 경쟁은 자본주의와 사회주의라는 두 경제 이론 사이에서 벌어진다'고 여성들을 설득하려 했지만 나는 그의 주장에 동의하지 않는다. 진정한 투쟁은 종교적이고 도덕적이며 정치적인 유산을 물려받은 전통 사회와, 인류를 타피오카 푸딩처럼 동일한 생산자와 소비자 집단으로 축소시켜버리려는 열정으로 가득한 집산주의―그 이름이야 무엇이든―사이에서 벌어진다고 나는 생각한다. 한마디로 이 투쟁에는 이익, 임금, 경영보다 훨씬 더 많은 사안들이 얽혀 있다. 그러나 요즘 들어 경제적 집산주의가 우리를 위협하고, 그것이 승리한다면 자유 경제뿐 아니라 모든 종류의 자유에 종말을 고하게 될지도 모른다. 따라서 나는 경제적 자유의 필요성을 조금 언급할 필요가 있다고 생각했다.

자유 경제 없이는 어떤 형태의 자유든 유지되기가 매우 어렵다. 공화국은 그 어떤 특별한 경제 체제보다 중요하지만, 자유로운 경제가 없으면 실질적으로 공화국은 지속되지 못한다. 우리에게 주어진 근대 미국의 조건들과 정치 제도들을 고려해봤을 때, 자유경제는 두 가지 이유에서 자유 전반—지적 자유, 시민의 자유, 대의제 정부, 개인의 자유—의 보존에 반드시 필요하다. 그 첫 번째 이유는 인간은 자신의 생계 해결의 문제에서 단 하나의 실내적인 주인에게 복종할 필요가 없을 때에만 외연적 자유를 향유하기 때문이다. 더불어 노력의 정도에 따라 보상이 달라지듯 집산주의적 경제—'자본주의적' '공산주의적' 혹은 '사회주의적' 등 그 무엇으로 불리든—에서는 우리가 열심히 노력하며 살아야 했던 과거의 동기들, 책임 있는 행동을 요구했던 오래전부터 전해져온 이유들이 사라진다. 이것이 그 두 번째 이유다.

우선 첫 번째 이유를 조금 더 부연 설명해보자. 인간은 반드시 무언가를 먹어야 하는 존재다. 생계 해결을 어느 한 사람이나 단일한 권력에 의지해야 하는 사람들은 노예다. 노예들은 주인의 허락이 있어야만 대외적인 행동이 가능하다. 만약 그 주인이 국가일 경우 그들에겐 다른 대안이 될 고용주가 없고, 따라서 그들은 반드시 국가에 복종해야 한다. 그렇지 않으면 공기나 마시며 살아야 할 테니 말이다. 그런데 국가는 인격체가 아니기 때문에 자비심이나 관대함이 없어서 중세의 그 어떤 영주보다 혹독한 주인이 되고 만다.

'민주적' 국가가 누구의 자유도 빼앗지 않는다는 얘기는 말장난에 불과하다. 민주적 국가는 다른 어느 국가와 마찬가지로 인류가 당연히 물려받은 모든 결점, 특히 권력욕에 휘둘리는 인간들의 지배를 받는다. 대중국가가 노예들에게 언제나 공정하고 정의롭다는 가정은 마치 사소한 야망이나 시기심, 욕망 등 인간의 모든 약점들을 마음속에서 몰아낸 철인왕哲人王 같은 사람들이 사회의 모든 계층에 존재한다고 상정하는 셈이다. 그러나 근대 미국에는 우리가 의지할 만한 그런 부류의 사람들이 존재하지 않는다. 오히려 미국인은 종종 내재적 책임감이나 명예심을 없애려고 자신이 할 만한 행동은 다 하는 듯 보인다. 그런 책임감이나 명예심이야말로 가부장적 혹은 봉건적 사회에서 결핍됐던 개인의 자유를 보상해주는데도 말이다. 조지 산타야나George Santayana가 말했듯 우리는 높은 책임감이 결여된 비열한 과두집단의 종이 될 가능성이 더 높다. 그러면 공화국은 사라져버리고 만다.

두 번째 이유도 몇 마디 덧붙여 설명해보겠다. 대부분의 사람들은 전반적 복지general welfare라는 관점에서 행동하지 않고, 행동하지 못한다. 어떤 경제 체제하에 있든, 타고난 나태함과 이기심 탓에 인간은 아무 유인책도 없는 환경에선 그런 행동을 하지 않는다. 물론 매우 소수의 사람들은 언제나 이타심에 입각해 행동하기도 한다. 그러나 승진, 수익, 그리고 부의 획득 같은 옛 유인책이 모두 사라지는데도 근대 경제 체제가 계속 유지될 만큼 이타적인 사람의 수는 우리 사회에 충분치 않다. 이 슬픈 진실은 영국에서 보다 진지한 사회주의자들의 뇌리를 스쳐 지나갔다. 그리고 자신들의 창조물인 사회주의가 가진 약점에 실망한 그들은 '새로운 유인책', 즉 '채찍과 당근'이라는 불길한 이야기를 거론하기 시작했다.

어떤 종류의 자유든 그것을 보존하려면 반드시 상당한 정도의 자유로운 경제가 뒷받침되어야 한다. 반복해 말하지만 경제적 사안에 관한 대중적 토론의 상당 부분은 구태의연하다. 특히나 미국에서 이루어진 그 논의들은 낡은 옛 가설에 토대를 두었기 때문이다. 그러나 미국은 더 이상 식량 공급이 인구증가를 감당하지 못하는 특징을 보였던 19세기적 상황에 놓여 있지 않다. 20세기의 진정한 문제들은 일반적, 특히 경제적 영역에서 19세기의 그것들과 다르며 어떤 면에선 다루기가 더 어렵다. 근대 기술이 강제하는 요소와 개인의 자유를 조화시키고 물질이 지배하는 시대를 인간화하려는 노력이 우리 보수주의자에게 주어진 과업이다.

기술의 승리 덕에 미국은 오래전부터 계속되어온 물질적 빈곤이라는 문제는 해결했지만 동시에 새로운 문제들도 만들어냈다. 그러나 우리는 회피할 수 없는 운명에 떠밀리듯 경제 생활의 완벽한 집산화, 다시 말해 19세기 사회주의자들의 실패한 이상을 향해 나아가선 안 된다. 우리는 더 이상 이념 앞에 머리를 조아릴 형편이 안 된다. 사고thinking는 고통스런 과정이다. 그러나 오직 사고만이 이념을 견제한다. 어떤 몽상가도 자신의 논리 체계 안에서는 논파된 적이 없다. 그를 논파할 수 있는 사람은 오직 다른 몽상가뿐이다.

19세기의 이론적 '자유'로 돌아가자고 호소해봐야 헛된 일이다. 그러나 비인격적 경제 통합과 서구 문명에서 고래로부터 이어져온 개인적 자유를 그저 '자유' '민주주의' '진보'라는 단어들만 반복함으로써 조화롭게 만들 수 있다고 가정한다면 헛될 뿐 아니라 사악하기까지 한 일이다. 시드니 훅Sidney Hook[83]이 "관례적 자유주의자"라 일컫은 사람들이 있다. 그들은 자유가 실종됐다며 끊임없이 무책임하게 불평하기만 해도 우리의 자유 수호에 필요한 모든 일을 다한 듯 여긴다. 그러나 그들 중 많은 이들은 자유의 영역을 축소하는 바로 그 경제적·사회적 과정에 갈채를 보낸다. 나는 보수주의자들이 이보다는 무언가 더 해내야 한다고 희망한다.

당장 눈에 뜨이는 이점에 기대고 모든 경우에 실용적인 해결책이나 적용해가면서 그저 현재 벌어지는 일들과 함께 표류해나가서는 안 된다. 현 미국의 정책들은 이런저런 이름으로 공화국을 적대시하며 경제적 집산주의의 수립을 향해 직행하는 경향이 있다. 가령 어떤 과세 정책들은 전통적 의미의 민간 기업을 무너뜨리려 하고, 재산 상속과 그에 따르는 책임감을 근절하려 하며, 열심히 일하는 삶으로 유도하는 아주 오래된 유인책들을 장기적으로는 국가의

---

83 1902~1989, 실용주의 학파에 속한 철학자. 청년기에 공산주의에 경도됐으나 후에는 전체주의를 비판했으며 때때로 보수주의자와 협력하기도 했음.

강제로 대체하려 든다. 이런 경향이 가장 두드러지게 나타나는 국가는 영국이지만, 정도는 다를지언정 미국에서도 이는 마찬가지다.

일례로 상속세를 현재의 세율로 유지할 경우 초래될 결과는 진지하게 고려되지 않는다. 거의 몰수에 가까운 현재의 상속세는 공화국의 유지를 도우려는 상속자가 자발적으로 유산의 일부를 기부하는 형태의 세금이 아니라, 그가 물려받은 재산 자체에 매기는 세금이다. 미국처럼 풍요로운 사회는 꽤 많은 부자들에게 너그러울 만한 여유가 있고, 사실 많은 재산의 양도와 상속을 장려할 여력이 있다. 품위 있는 리더십과 책임감을 함양하는 데 있어 그보다 더 좋은 사회 제도는 없다. 토크빌은 125년 전에 상속된 부에 나타내는 미국인들의 적대감에 우려를 표명했다. 그는 부의 상속으로 지도층의 육성, 예술품의 장려, 학문의 지원, 귀족적 의무의 배양이라는 각종 혜택이 발생한다고 말했다. 거대한 부의 상속을 막으면 한 세대 동안 넝마에서 부를 이루고 다시 넝마로 돌아가는 작은 부자만 많아질 뿐이다. 그런 작은 부자들은 오만해져서 고작 헛된 과시와 음식물 사치에나 부를 소비하고 만다. 상속세만 없애면 우리 사회의 모든 악이 치유된다는 말은 아니다. 그 문제를 이처럼 새로운 시각에서 근본부터 꼼꼼히 생각하고, 몽상가들의 구호에서 벗어나 자유로이 사고해야 할 필요가 있다는 얘기일 뿐이다.

부를 물려받은 사람들이 공동체에 일정 정도의 책임감을 느끼듯 근면, 사리추구, 사적 소유라는 옛 규율도 사람들이 책임감을 느끼도록 만든다. 모든 계층과 직업에서 보다 지적인 일부 미국인들은 무책임한 경제 생활이 곧 정치 생활에도 그대로 반영되는 위험성을 안다. 예컨대 거대 기업의 봉급 생활 관리자들, 미약한 견제만으로 작은 권한이 주어진 관료들, 주로 선동 기술로 높은 자리에 오른 노동조합 간부들이 저마다의 자리에서 저지르는 무책임한 행동의 결과를 우려하지 않을 수 없다. 공화국은 건국 초기의 도덕적이고 사회적인 자본만으로 영원히 유지되지는 않는다. 책임감은 힘겨운 교훈, 사적인 위험과 책무, 인간적인 교육, 종교적 원칙, 물려받은 권리와 의무 등으로 형성된다. 여름날의 파리 같은 지도자들[84]이 다스리는 공화국은 '열심히 일해야 한다'는 옛날식의 동기부여 없인 국민의 평범한 성실성을 이끌어내지 못한다. 따라서 그런 공화국에선 영웅적인 관리자, 정상에 있는 안개 같은 인물을 절실히 찾게 되지만 그런 사람은 끝내 더 이상 발견되지 않는다.

공화국의 정돈된 자유를 보호해야 한다는 책임감은 경제적 통합이나 실정법의 작동만으로 감소하지 않는다. 노골적으로 정치적인 조치보다는 보다 기술적인 다른 조치들이 인간을 기계에 봉사

---

84 선거 시기를 따라서 나타났다가 사라지는 지도자들이라는 뜻.

하는 존재로 만들어간다. 엄청나게 게으르지만 진정한 여가는 거의 없으며, 아무도 인간을 직접 억압하지 않는다는 의미에서의 자유는 가졌으나 삶에 대한 옛 이해와 희망을 모두 빼앗겼다는 의미에서는 노예 같은 존재로 말이다. 이러한 인간은 진정한 성인의 경지에 이르지 못한 채 영원한 아이로 남는다. 우리의 현 균형 상태에서, 지금 이 미국에서, 약간의 자유를 포기한 대가로 우리 미국인들은 엄청난 양의 경제적 풍요를 누리는지 모른다. 그러나 나는 이 공화국, 그리고 모든 세계가 50년 후에 어떻게 될지 생각해보려 한다.

토론에 나선 고등학생이 아니기 때문에 보수주의자는 이 모든 불만에 손쉽고 간편한 해결책을 제시하지는 못한다. 그저 질병을 치유하는 첫 번째 단계는 올바른 진단이어야 한다고 말할 뿐이다. 나는 인간이 무엇보다 일터에서 행복을 찾아야 한다고 생각한다. 노예 같은 일은 경제적으로 얼마나 이득을 주든 사회적 자유와 조화를 이루진 못한다. 존 헨리 뉴먼John Henry Newman[85]이 100여 년전 로버트 필 경Sir Robert Peel에게 답할 때와 마찬가지로, 나 역시 여기서 새로운 이념을 제시하기보다는 인류에게 아주 오랫동안 알려져 있던 정치와 도덕의 원칙들만 재차 강조하려 한다. 뉴먼은 말했

---

85 1801~1890, 영국 성공회 사제였으나 나중에 로마 가톨릭 사제로 개종하고 추기경이 됨.

다. "나는 어떤 대책도 제안하지 않습니다. 그저 오류만 드러내고 가식에 저항할 뿐이지요. 인간에게 열망이 없다면 벤담주의[86]가 그들을 지배하게 합시다. 그러나 그들에게 낭만적이 돼라 하지 말고, 영광으로 그들을 위로하십시오."

자유는 결국 오직 소수의 사람들만이 진정으로 갈망하는 낭만적 열망이다(낭만적 열망은 삶을 살아볼 가치가 있게 만드는 그 무엇이라고 덧붙이겠다). 또한 오직 적은 수의 사람들만이 명백하게 책임의 소명을 느낀다. 그러나 그러한 자유와 책임감이 사라지면 정치나 경제 영역에서 습관적으로 주어졌던 자유와 수많은 사람들의 안전도 사라지고 만다. 우리 중《멋진 신세계Brave New World》의 영광들[87]로 위로받고 싶어 하는 사람은 거의 없다. 정치경제는 주로 정치적 자유의 확장에 관심 있는 철학자들―그들의 결점이 무엇이든―의 작업에서 비롯되었다. 부유한 노예 상태로 쪼그라든 인간을 옹호하

---

86 '최대 다수의 최대 행복'이라는 공리주의로 대변되는 사상. 인간을 개성 있는 각각의 사람들이 아닌 수없이 많은 동일한 개체로 간주하여, 만족하는 이들이 불만족스러운 이들보다 많은 정책이 곧 옳은 정책이라고 여긴다. 낭만적 기준보다는 기계적인 평등과 정의를 삶에 적용하겠다는 태도다.

87 앞서 헨리 뉴먼의 '영광으로 위로하라'는 말과 여기서의 영광은《멋진 신세계》가 겉으로 보여주는 번영, 부귀영화를 비꼬는 의미로 보인다. 소수의 지배자가 구성원들의 출생부터 임종까지 인공 장치로 통제하는 문명 사회의 행복이라는 영광들로는 위로가 될 수 없다는 의미임.

는 정치경제라면 그것은 이미 상당히 부패한 셈이다.

　미국이라는 공화국의 성공, 우리의 오래된 자유에 대한 보존은 우리가 신중하지 못한 이론을 혐오한 덕에 상당 부분 달성되었다. 미국만큼 문제가 복잡한 사회는 그 어디에도 없었다. 그러나 우리 시대 이전의 그 어느 시기에서든, 미국만큼 문제 해결에 도움을 줄 경제적 여유나 동원 가능한 지적 자산이 풍부한 사회 또한 없었다. 우리 미국인은 한가한 시간을 조금만 쓰고서도 자유의 진정한 의미를 분석하고, 책임의 본질을 따져볼 수 있었다. 그러나 우리 중 꽤 많은 이들은 소용돌이치는 기계 장치가 벌이는 악마의 연회, 정치위원들commissars이 지배하는 그런 연회로 아무런 생각도 없이 걸어 들어가고 싶어 하는 듯하다.

　자유주의자와 급진주의자들은 미국이 당면한 엄청난 어려움에 해결책을 제시하지 않는다. 그들은 그저 현재 벌어지는 일들과 함께 표류하는 데 만족하거나, 진보라 부르는 물결을 향해 더 빠르게 노를 저으라고 촉구할 뿐이다. 그러나 보수주의자는 그 진보가 실은 퇴락임을 알고 있다. 자유주의자와 급진주의자는 공화국이라는 의미를 망각했다. 그러나 조상의 지혜로 무장한 보수주의자는 인간에겐 자유의지가 있다는 사실을 안다. 조상들의 지혜와 올바른 추론이라는 방법을 시민들이 무시한다면 공화국은 소멸해버린다. 우리에겐 소돔에 남아 있던 선한 이들보다 더 많은 보수주의자가 있다. 그리고 나는 신의 의지에 따라 보수주의자가 결국 승리하리라고 생각한다.

미국에서 가장 설득력 있는 보수주의 사상가 중 하나는 아그네스 리플리어Agnes Repllier[88]다. 그녀는 미 공화국의 실재를 집산주의자의 이상향과 바꾸려 들지 않았다. 조국을 사랑했던 리플리어는 이렇게 썼다. "만약 애국심이 너무나 광범위하게 선을 베풀려는 감정이 되어버려 사람들이 왕이나 국가 같은 구체적인 대상을 위해 기꺼이 살거나 죽으려 들지 않는다면 맹목적이면서 강한 개인적 충동으로는 성적 사랑만 남게 된다. 그런 사랑은 트로이를 불태우긴 했으나 로마를 건설하진 못했고, 마그나 카르타Magna Carta[89]를 만들 수도 없었으며, 미국의 헌법 또한 제정하지 못했다." 공화국의 사랑은 모든 다른 사랑을 보호한다. 그 사랑이라면 상당한 희생을 치를 만하다.

---

88 1855~1950, 미국의 수필가.
89 대헌장으로 불리며 1215년 영국의 왕이 귀족들의 강요에 의하여 서명한 문서. 왕은 몇 가지 권리를 포기하고, 법적 절차를 존중하며, 왕의 의지가 법으로 제한될 수 있다고 인정했다. 전제 군주의 절대 권력에 제동을 걸기 시작했다는 의의가 있다.

윌프레드 M. 매클레이_{Wilfred M. McClay} *

　'보수주의'라는 애매모호한 주제를 두고 벌인 토론 때문에 엄
청난 잉크가 쓰였고, 컴퓨터 스크린도 수없이 깜박여야 했다. 사실
보수주의는 꽤 오랫동안 고통받아왔는데, 그 정체성의 위기가 깊
어가던 미국에선 특히 더 그랬다. 그 위기는 레이건 행정부가 끝나
던 30년 전, 아니 어쩌면 그보다 훨씬 전에 시작됐다. 도널드 트럼

---

* 오클라호마 대학 자유의 역사_{History of Liberty} 부문 리비 블랭큰십_{Libby Blankenship}, 석좌 교
수이며 자유의 역사 연구소_{Center for the History of Liberty} 소장. 최근 저서로는 2019년 엔카운
터_{Encounter}사가 출판한《희망의 땅: 위대한 미국 이야기로의 초대<sub>Land of Hope: An Invitation to
the Great American Story</sub>》가 있음.

프Donald Trump의 대통령 선거 입후보와 당선, 그리고 그의 대통령직 수행은 그 과정을 더욱 재촉했을 뿐이다. 오늘날 '보수주의'가 의미하는 바를 자신 있게 말하는 사람은 거의 없다.

미국 보수주의가 현재의 처지에 빠진 것은 불가피한 일이었을지도 모른다. 미국은 자유를 질서보다 더 가치 있게 여긴다. 또한 사회적 변동성을 주요 미덕의 하나로 간주한다. 미국이 그만큼 이례적으로 유동적인 사회이기 때문이다. 이런 나라에서는 때때로 '보수적'이란 단어가 무엇을 의미하는지 불분명해진다. 만약 사회적 존숭尊崇의 관습이 잘 수립돼 있고, 뿌리 깊은 토지 기반 귀족들의 안정적 지배를 받으며 상대적으로 정적인 농업 사회에서 미국인이 살았다면 '보수적'이라는 단어의 의미도 지금보다는 훨씬 더 분명했을 것이다. 그러나 미국은 전혀 그런 사회가 아니고, 따라서 이 단어의 의미 또한 상대적으로 정태적인 농업 사회에서만큼 분명하기가 어렵다. 오늘날 미국에서 '보수적'이라는 옷을 걸친 이들은 놀라울 정도로 다양한 집단에 속해 있다. 고삐 풀린 자본주의를 '창조적으로 파괴'하고 사회 문화적 제도들을 끊임없이 재구축하자는 열렬한 자유의지론자libertarian에서부터 시작해 중세 유럽 사회의 단결,

호혜, 그리고 충성스러운 통합을 갈망하듯 돌아보는 전통주의자에 이르기까지 각양각색이다. 그런 극단론자들 사이에 어떤 공통분모가 있기는 할까? 심지어 애정 어린 관찰자들조차 미국 보수주의를 당황스럽게 바라보며 혼동과 실망에 등을 돌리는 경우가 잦다.

보수주의를 정의해달라는 요청에 러셀 커크는 하버드 대학의 역사학자 스튜어트 휴스H. Stuart Hughes[90]가 준비한 답변을 자주 활용해 '보수주의는 이념의 부정'이라 말했다. 이는 사실 매우 좋은 답변, 또는 최소한 매우 좋은 답변의 시작이다. 오늘날 문제의 일부는 미국의 많은 보수주의자들이 이념에 사로잡혀 있다는 사실에 있다. 그들은 오랜 세대를 거치며 가치를 입증해온 사회적 관례나 합의의 복잡한 관계망을 영속 혹은 보존하는 일보다는 특정한 이념적 원칙들의 성공을 확장하거나 보존하는 데 더 관심을 보인다. 게다가 보존하려는 원칙들이 집단마다 서로 다른 경우가 잦아 문제는 더 악화된다. '보수주의' 세력들은 미국의 세계 지배, 자유무역,

---

90 1916-1999. 미국의 역사학자로 역사에 심리분석을 적용해야 한다고 주장했음.

마약 규제, 동성 결혼, 재산권, 이민 제한, 민권 등 공공 정책의 매우 다양한 문제들에서 찬반 양측에 골고루 퍼져 있다. 안락사를 지지하거나 종교 자유의 원칙을 단호히 거부하는 보수주의자들의 글을 접한다 한들 누가 놀라겠는가? 그런 글이 아직 출판되지 않았다면 이는 머지않아 곧 발표될 시간문제일 뿐이다.

그러나 보수주의자들의 이런 혼란스러움이 반드시 불가피해야 할 이유는 없다. 사실 대단히 양식 있고 균형 잡힌, 굳건한 미국 보수주의엔 그 강력한 토대가 있다. 러셀 커크는 이 책에서 그런 보수주의를 놀라우리만치 명징하게 설명한다. 이 책은 보수주의의 재생과 회복이 필요한 바로 그 시점을 제대로 맞춰 재출간되었다. 여기서 보수주의란 새로이 발명됐다기보다는 오랜 시간을 거쳐 검증된 지혜의 뭉치에 해당한다. 그 지혜를 무기로 보수주의자는 이념적으로 추동된 경솔한 변화에 맞서 저항하고, 추상적 혁명 이념의 열정에 신중함이라는 구체적 미덕으로 대항해왔다.

생각을 전달하는 커크의 방식은 구호만 외처대는 요즘 사람들의 그것과 매우 다르나, 그가 보여주는 색다른 글쓰기 방식은 여전히 매력적이다. 대개 전문용어가 난무한 문장들, 숫자 가득한 도표로 제시되는 정책 전문가들의 글을 통해 보수주의를 접한 사람들에게 커크의 산문은 기분 좋고 놀라운 기쁨으로 다가온다. 그의 글에는 역사를 망라하는 시각, 시적인 광휘, 아름다움과 심미안의 환희, 모든 형태의 형식주의에 보이는 경멸, 과거의 스러져간 사건이나 인물들에 우리가 매우 밀접하게 연결돼 있다고 느끼게 해주는 탁월한 능력이 넘쳐나기 때문이다.

커크에게 보수주의란 일군의 절실한 정책적 요구 사항이 아니다. 오히려 보수주의는 기적 같은 우리의 존재에 대해 놀라움에 찬 감사를 느끼는 성향이며, 존재의 근원들을 인정하고, 그 근원들과 더불어 존경과 사랑이 어우러진 조화로운 삶을 살아가도록 갈망하게 만든다. 커크의 보수주의는 궁극적으로 '영원한 사회 계약'이라는 에드먼드 버크의 포괄적 전망에 그 뿌리를 내리고 있다. 이 계약에는 공유하는 기쁨, 의무, 기억이라는 세 가닥의 신비스러운 끈이 있어 이미 죽은 자와 지금 살아가는 자는 물론 아직 태어나지 않은 아이들까지 하나로 묶는다.

미국 보수주의를 잘못 이해하는 경우가 많다. 그중 하나는 보수주의가 부유한 계급들의 느긋한 세계관이고, 개인의 노력과 진보라는 미국의 위대한 이야기와는 동떨어진 사상이란 시각이다. 그러나 커크는 출신 배경 자체가 대단히 소박하고 글자 그대로 미국적인 인물이다. 그는 1918년 미시간주 플리머스에서 어렵게 살아가는 중산층 가정의 자녀였으며 실내 화장실이 없는 공공 주택에 살았다. 최고의 교육 기회 또한 제공받지 못했다. 그러나 커크는 에이브러햄 링컨, 프레드릭 더글러스Fredrick Douglas [91] 등 미국의 대다수 뛰어난 인물들과 마찬가지로 지칠 줄 모르는 독서열을 활용했다. 동시에 문학적 능력과 토론 기술을 제공해준 견고하고 전통적인 공교육의 도움을 일부 받아 우수한 교육적 성취를 이뤄냈다.

커크는 제2차 세계대전이 끝나고 영국의 세인트 앤드루스 대학에서 공부한 뒤에야 보수 사상가로 굳건하게 성장했다. 스코틀랜드에서의 생활은 그의 사상에 많은 영향을 끼쳤다. 그 지역의 분위기,

---

91 1818~1895, 미국의 사회 개혁가. 흑인 노예로 태어났으나 메릴랜드에서 탈주에 성공한 뒤 매사추세츠와 뉴욕에서 전국적인 노예제 철폐 운동가로 명성을 쌓았다. 그는 '노예에겐 지적 능력이 결여되어 있다'고 주장하는 노예제 옹호자들을 명문과 웅변으로 반박하는, 살아 있는 사례였다.

전설, 자연환경, 건축물과 사람들 모두는 그를 매료시켰으며 그의 문학적 맥박을 더욱 힘차게 뛰게 했다. 그곳에 머물렀던 4년 동안 그는 세 권의 책, 일곱 편의 단편 소설, 스물다섯 편의 학술 논문을 쓰며 이후 40년간 지속된 저술 활동의 놀라운 생산성을 처음으로 과시했다. 그 시기 그가 이룬 가장 중요한 저작물인 박사학위 논문은 1953년 《보수의 정신The Conservative Mind》이라는 책으로 출간됐다. 미국 보수주의 지성사에서 진정으로 빼놓을 수 없는 이 책은 그의 모든 저작물 가운데 제일 중요한 저서라 할 수 있다.

1953년은 미국 보수의 정신에서 기적적인 해이자 특히 보수적 성향의 책들이 풍성하게 쏟아진 해였다. 커크의 걸작에 이어 로버트 니스벳의 《공동체 추구》, 리오 슈트라우스Leo Strauss의 《자연권과 역사Natural Right and History》, 대니얼 부어스틴Daniel Boorstin의 《미국 정치의 특질The Genius of American Politics》"이 출판됐다. 또한 T. S. 엘리엇T. S. Eliot, 레이 브래드베리Ray Bradbury, 크리스토퍼 도슨Christopher Dawson, 에릭 푀겔린, C. S. 루이스C. S. Lewis, 휘태커 챔버스Whittaker Chambers, 윌리엄 F. 버클리William F. Buckley Jr., 프랜시스 윌슨Francis Graham Wilson 같은 유명인들 역시 1953년을 전후로 보수주의를 다룬 위대하고 기념비적으로 중요한 저작물을 잇달아 출간했다.

그러나 커크는 다른 저자들이 하지 않은 일을 하나 더 해냈다. 영미 보수주의가 최근에 발명되지 않았다는 사실을 증명하려 노력했다는 점이다. 더 멀리까지 거슬러 올라가진 않더라도 최소한 에드먼드 버크에서 출발해 조지 산타야나나 엘리엇 등 당대 인물들에 이르는 존경할 만한 사상가들이 보수주의를 계속 계승해왔다는 역사, 즉 보수주의에는 쓸모 있는 과거가 있다는 점을 커크는 강조했다. 커크의 전기작가 브래드 버저Brad Birzer가 주장했듯 "커크의 보수주의 정의定義에서는 시적이고 문학적이며 종교적인 요소가 정치적인 요소를 능가했다." 1952년《보수의 정신》을 처음 출판한 출판업자 헨리 레그너리Henry Regnery에게 커크가 설명했듯이 "삶에서와 마찬가지로 문학에서도 종교, 윤리, 아름다움의 엄중한 중요성을 인정하지" 않을 수 없다. 커크는 또 정치가 "어설프게 교육받은 사람들의 일탈이며 나는 내 책에서 단순한 정치를 초월하려고 매우 노력했다."라고 빠르게 덧붙였다.

그럼에도 커크는 자신의 삶에서 정치를 무시하지 않았다. 지금 살아 있다 해도 그는 최근 들어 보수주의가 천박해졌다는 불평을 반드시 하리라 보인다. 근래 보수주의는 정치의 이념적 형태들을 지나치게 강조할 뿐 아니라 과거 보수적 감수성이 강력하게 표현됐던 상상력의 영역, 아니 보다 포괄적으로는 문화적인 영역을 무시하기 때문이다. 오늘날 정치는 문화에서 흘러내린다는 소리가 흔히 들리는데 이는 커크에게 매우 명백해 보이는 이야기다. 따라서 보수주의자와 보수주의가 당면한 주요 과제는 무책임하고 삶을 부정하는 비인간적 문화를 우리 인간의 자질에 보다 더 잘 조응하는 그 무엇으로 바꾸어내는 일이다.

그런 가치 있는 목적을 달성하는 데 있어 이 짧은 책은 분명 우아하고 간결하게 기여한다고 말하지 않을 수 없다. 쉽게 읽히는 빼어나고 직설적인 문체로 미국 보수주의의 핵심을 소개하는 이 책은 작지만 경이로우며 교육적인 만큼이나 또 재미있게 읽힌다.《보수의 정신》의 문장들이 때때로 지나치게 고풍스럽고 유장하다고 불평했던 독자들이라면 이 책의 명쾌하고 쉬운 문장들을 읽으며 즐거이 놀라게 된다. 매우 유능한 직업 문필가인 커크는 어떤 경우든 매체에 맞는 적절한 문체로 글을 쓸 줄 알았다. 그는 칼럼이나 유령 소설, 그리고 방대한 분량의 책이라도 항상 그에 맞는 글을 썼는데, 그 럴 줄 아는 저자는 흔치 않다.

　무엇보다 가장 놀라운 점은 이 책이 처음 출판된 때로부터 62년 이 지나도록 대대적인 수정을 여전히, 전혀 필요로 하지 않는다는 것이다. 바로 그 사실이 이 책에 예기치 않은 무게감을 준다. 가족, 사유 재산의 중요성, 교육, 종교, 그리고 다른 10여 가지의 주제와 관련하여 보여준 그의 통찰력은 지금 보더라도 완벽하게 건전할 뿐 아니라 얼마나 예언적이었는가 싶을 정도다. 동의하지 않는다면 직접 읽어보라. 이 점이 커크의 보수주의가 영원불변의 것들Permanent Things에 튼튼하게 뿌리내렸다는 증명이 아니라면 다른 무엇일 수 있는지 나는 모르겠다.